나는 매일 자신감을

트레이닝한다

월 90만 원 알바생에서
연매출 10억 CEO가 되기까지

나는 매일 자신감을 트레이닝한다

김가희 지음

서사원

트레이너는 당신이 선택한
최고의 직업이다

✦

'언제까지 PT 수업을 많이 할 수 있을까?'

고단한 하루의 마지막 레슨을 하고나면, 목소리는 다 쉬어버리고 목구멍은 부어올라 칼칼해진다. 점점 기침 하는 날이 많아지고, 기침을 하면서 수업하는 게 폐가 되진 않았을까 회원님들에게 죄송해진다. 시간은 왜 그리 빨리 가는지, 벌써 일 년 일 년 연차가 쌓여간다. 그동안 많은 회원님들이 나를 거쳐가고, 그 와중에 교육도 받으며 열심히 산다고 살았는데 여전히 제자리인 기분이 들 때가 있다.

'앞으로 어떻게 살아가야 할까.'

인생에서 중요한 질문에 마주하면, 회원님들 앞에서 당당하게 수업하던 모습은 온데간데없이 사라지고 한없이 작아진다.

당장의 이번 달 PT 매출도 걱정이지만, 앞으로의 미래를 생각하면 더 막막하기 때문이다. 체력은 예전 같지 않고, 나이 들면 이렇게는 도저히 못할 것 같아서 방법을 찾아야겠는데 아직 찾지 못해 답답하다.

그래도 여전한 것은, 회원님들을 건강하게 만들고 싶다는 '나의 진심'이다. 감사하고 고마운 회원님들이 떠오른다. PT 수업 시작 전에 내 것까지 챙겨서 아메리카노 두 잔을 사오셨던 회원님, 스승의 날엔 손편지와 작은 선물로 나를 울리는 회원님들까지….

어떻게든 내가 좋아하는 회원님들을 위해서 이 일을 계속하려 하지만, 매일 쳇바퀴처럼 돌아가는 많은 수업과 무료하게 느껴지는 하루하루가 이 일을 그만두고 싶게 만들 때가 있다.

실제로 매일 똑같이 반복되는 트레이너의 삶에 인생의 의미를 잃어버린 것 같아서 그만두려고 한 적이 있다. 그때 회사 책장에 꽂혀 있던 책의 한 문장에 다시 가슴이 뛰었고 덕분에 이 일을 떠나지 않고 계속할 수 있었다.

'트레이너는 당신이 선택한 최고의 직업이다.'

트레이너 30년 차 대선배인 《세계 최고의 트레이너를 꿈꿔라》 저자 박수현 대표님이 아니었다면, 지금의 내가 되기 위해 먼 길을 돌아갔을 것이다. 이 책을 읽고 있는 독자 분 중에 다른 직업에서 트레이너로 정착한 사람이 있다면, 인생에 후회 없는 최고의 선택이라고 꼭 말해주고 싶다.

내가 지금까지 트레이너이자 강사로 생존할 수 있었던 힘은 동경하는 트레이너 선배님들이 있었기 때문이다. 앞에서 말한 박수현 대표님, 24살 때부터 피트니스 교육업을 시작한 BM 박주형 대표님, 국내 최초로 임산부 트레이닝 교육기관을 운영 중인 김우성 대표님, 15년 넘게 피트니스 관리자 교육을 하시는 김승호 대표님 또한 나의 워너비 선배님이시다.

워너비 선배님들의 책을 읽고, 찾아가 교육을 받으며 나만의 색깔을 갖춘 지금의 '여성 피트니스 전문가 김가희'로 성장할 수 있었다.

당신에게 워너비 트레이너, 동경하는 선배님은 누구인가?

이 책을 읽고 있는 여러분 삶이 외롭지 않게, 동경하는 선배님과 함께 나아갔으면 한다. 선배님들도 성공해냈는데, 당신이라고 못할 이유가 무엇이겠는가. 진심으로 당신이 잘 성장했으면 좋겠다.

트레이너로 살아가는 여러분에게 이 책은 가장 친한 선배가 되어줄 것이다. 이 일이 힘들어서 포기하고 싶을 때 눈물을 닦아주는 책이 될 것이고, 다시 시작할 용기를 불어넣어 줄 것이다.

14년 차인 나 역시 지금도 30년 차인 대선배님들의 발자취를 따라가며 살아간다. 꺼지지 않는 불꽃같은 선배님들의 열정을 조금이라도 닮으려고 노력한다.

우리 모두 몸을 만들어 봐서 알고 있지 않은가. 가장 예쁘고 완벽한 몸은 절대 단시간에 나올 수 없다는 것을.

매일 꾸준히 운동 식단을 했던 뿌듯한 날들처럼, 우리 함께 사랑하는 이 일을 오래 하자.

즐기면서 하자.

70년 이상 꾸준히 걸어야 진정한 건강이라는 목적지에 도달할 수 있는 우리의 일. 더 이상 불안해하지 말고, 동경의 마음을 간직하며 행복하게 함께 가자.

화창한 봄날에
김가희_(주)여생트스쿨 대표, 여성 피트니스 전문가

CONTENTS

1장

나는 부자가 될 거야

01

엄마, 아빠 제발 그만 좀 싸우세요

1997년에 IMF가 터졌다. 내 나이 일곱 살, 낯선 아저씨들이 우리 집에 몰려왔다.

"너네 아빠 어딨어! 어디다 숨겼어?"

나는 잔뜩 겁을 먹었다. 울음이 터져나왔다. 아빠가 어디 있는지 알지도 못했지만, 알려준다면 아저씨가 우리 아빠를 해칠 것만 같았기 때문이다.

모르는 사람들이 우리 집에 허락도 없이 들어와서 빨간 딱지를 붙였다. 매일 동요를 따라 부르던 텔레비전에, 자기 전에 엄마가 읽어주신 동화책이 꽂혀 있는 책장에, 내가 키우는 물고기의 어항까지….

당시에는 너무 어려서 빨간 딱지의 의미를 알지 못했다.

하지만 '행복하게 누리며 살아왔던 것들이 앞으로 쉽지 않겠다'는 걸 직감적으로 느꼈다. 그 후로 다시는 마석집에 갈 수 없었다. 엄마는 나를 이모집에 데려다 주었다.

"가희야, 이모네에서 일곱 밤만 자고 있으면 엄마가 꼭 데리러 올 거야. 밥 잘 먹고 잘 지내고 있어."

싫다고 떼를 쓰고 싶었지만 애써 울지 않으려고 참는 엄마를 보고 마음에도 없는 대답을 했다.

"엄마, 정말 일곱 밤만 자면 데리러 와야 해요. 꼭 약속해요."

작은 두 팔로 엄마를 세게 안았다. 일곱 밤이 지났지만, 엄마는 오지 않았다.

'아니야. 엄마는 나를 버린 게 아니야. 엄마는 반드시 올 거야.'

실낱같은 희망으로 하루하루를 버텼다. 엄마, 아빠가 보고 싶은 마음을 억누르며 놀이터에서 몸이 지쳐서 잠이 올 때까지 뛰었다. 몇 개월이 흐른 뒤, 드디어 엄마가 찾아왔다(수개월이 지난 느낌이었는데, 엄마 말로는 1개월밖에 안 되었다고 했다).

"엄마 제가 얼마나 기다린 줄 알아요? 일곱 밤만 자고 온다고 했잖아요. 왜 이제야 왔어요! 더 이상 엄마랑 헤어지기 싫어요!"

엄마는 연신 미안하다고 하시며 안아주었다. 한참을 목 놓아 울었다. 이번에도 헤어지면 다시는 엄마를 못 볼 것 같아서 엄마 손을 꼬옥 잡았다.

"가희야, 이제 우리 집으로 가자."

손을 잡고 이끄는 엄마 말에, 엄마와 함께 살 수 있다면 어디든 좋다고 생각했다.

딸기원(동네 이름) 집으로 갔다. 집에 방이라는 게 따로 없었다. 문을 열면 바로 눕는 곳이었다. 화장실도 없었다. 푸세식 공중 화장실로 가야 했다. 파란색 공중 화장실 앞에 묶여 있는 진돗개 두 마리는 잡아먹을 듯이 짖어댔다. 무섭고 불편했다. 하지만 엄마랑 떨어져 사는 건 죽어도 싫었기 때문에 불편한 티조차 내지 않았다. 딸기원이란 집은 열악했지만, 한편으로는 내가 살았던 마석집이 얼마나 호화로웠는지 알게 되어 오히려 감사했다.

엄마가 '이제는 나를 버리지 않겠구나' 하고 마음이 조금 안정되었을 때, 눈치를 보다가 슬쩍 물어봤다.

"엄마! 아빠는 언제 집에 와?"

"아빠랑 싸운 거야?" 엄마는 아니라고 했다.

"아빠는 멀리 일하러 가셨어. 가희 보러 오려면 백 밤은 자야 해."

아빠가 반드시 올 거라는 희망이 생기니 열악한 환경에도 엄마와 나는 웃는 날이 조금씩 늘어났다. 그렇게 딸기원에서 긴 시간이 흐르고 아빠가 돌아왔다. 까끌까끌한 수염, 수북한 머리, 쇠 냄새, 아빠 냄새. 외모는 조금 바뀌었지만 우리 아빠가 맞았다. 작은 두 팔과 두 다리로 사랑하는 아빠를 힘껏 껴안았다.

한참 뒤에야 아빠가 집에 올 수 없었던 이유를 알았다. 아빠는 가구 사업을 하셨는데 IMF 때 회사가 부도나는 바람에 발행한 어음을 막지 못했고, 그로 인해 경제 사범으로 옥살이를 하셨던 것이다.

그러고 보니 엄마가 참 대단한 사람이었다. 딸기원에서 엄마는 나와 동생을 홀로 키우셨다. 유치원, 식비, 월세까지… 모두 홀로 감당하셨다. 나와 동생을 유치원에 보내고 파출부 등 가리지 않고 일을 하셨다. 평생 주부였던 엄마는 이 모든 걸 홀로 감당하셨다. 그런 엄마를 보면서, 나도 어떤 위기가 닥쳐도 엄마처럼 해낼 수 있다고 생각했다.

초등학생이 되던 해, 우리 가족은 구리시 수택동 집으로 이사를 했다. 엄마, 아빠가 합심해서 노력했기 때문에 가능했다.

하지만 아이러니하게도 엄마 아빠가 싸우기 시작한 건, 수택동 집에서부터였다. 빚과 가난이 끝날 기미가 보이지 않았기 때문이다. 게다가 할머니, 할아버지까지 모시고 살아야 했다. 아빠는 매일 일하셨고, 엄마는 시부모님, 나와 동생까지 삼시 세 끼 밥을 챙기면서 부업까지 병행했다. 8년 이상 힘들게 일하셨다. 엄마와 아빠는 퇴근 후 체력이 바닥나 지쳐서 대화도 정상적으로 할 수 없었다. 빚 얘기가 나오면 엄마 아빠는 서로에게 험한 말을 쏟아냈다.

"모두 당신 때문이야!"

"내가 뭘 잘못했는데!"

일주일에 4일 이상 싸우셨던 것 같다. 아주 심하게 다투신 경우에는 일주일 이상 대화를 하지 않을 때도 있었다. 어느 날 화가 난 아빠가 애꿎은 물건을 부시기까지 했다. 원래는 온순한 성격인데, 상황이 극에 달하다 보니 점점 격해지셨던 것 같다.

언제부터인가 아빠는 삶을 포기한 사람처럼 일하러 나가지 않았다. 집에만 계셨고 담배를 하루에 한 갑씩 피셨다. 술도 많이 마시고 엄마랑 한 마디도 나누지 않으셨다. 아빠 인생에 슬럼프가 왔던 것이다. 그렇게 두 분 사이는 최악으로 치달았다.

끝없는 터널처럼 아빠의 인생을 짓누른 빚과 책임감이 몹시 힘들었을 것이다. 성인이 된 후에야 고달픈 아빠의 인생을 조금 이해할 수 있었다. 그토록 힘든 상황에도 불구하고 한 번도 우리 가족을 포기하지 않고 살아낸 아빠, 얼마나 힘드셨을까. 엄마와 아빠는 큰 빚을 감당할 수 없어서 문제가 생겼고, 결국 두 분은 이혼하셨다.

책을 쓰는 시점이 되어서야, 그동안 엄마 아빠가 무수히 노력해왔던 것들이 서서히 보이기 시작했다. 두 분이 막상 이혼하신다는 이야기를 들었을 때는 '왜 잘 살아보려고 노력하지 않을까?' 하는 마음에 원망스러웠다. 하지만 우리 가족을 위해서 두 분이 얼마나 많이 노력했고, 또 실패했는지 부모님과 대화를 통해 알게 되었다.

엄마는 매일 가계부를 쓰면서 절약하고 또 절약하면서 어떻게든 가난을 이겨내려고 노력하셨다. 아빠는 할머니, 할아버지, 엄마, 나, 동생까지 우리 가족을 먹여 살리려고 하루도 빠짐없이 일하셨다.

엄마 아빠에게 그동안 고생 많으셨다고, 나와 동생을 잘 키워주셔서 감사하다고, 세상에서 제일 사랑한다고 말하고 싶다.

02

단란주점 골목, 우리 집

어릴 때 나는 단란주점이 있는 골목에 살았다.

부모님이 이혼하시고, 아빠와 살던 경기도 구리시 수택동 작은 집을 떠나 엄마와 나, 여동생은 이사를 갔다. 세 모녀가 살려고 엄마가 얻은 집 주변에는 빨간 불빛이 일렁였다. 유흥업소가 즐비한 동네였다.

"이런 곳에서 산다고?"

교복을 입고 집에 갈 때마다 술 취한 사람과 마주쳤다. 답답해서 창문을 열면 만취한 아줌마, 아저씨가 "바람을 폈네 안 폈네" 하며 박 터지게 싸우는 소리가 울려 퍼졌다. 새벽마다 창문은 단란주점 LED 불빛으로 빨갛게 물들었다. 잠이 오지 않는 날이 많았다. 그럼에도 나는

'지하에 살지 않아서 다행이다. 노숙하지 않아서 괜찮다'며 스스로를 위로했다.

이 집으로 오기 전에 엄마는 생활비를 보태기 위해 넥타이에 라벨을 붙였다. 너무 열심히 하셔서 하루는 엄마에게 물었다.

"이거 하나 붙이면 얼마 벌어요?"

"대략 25원 정도."

엄마가 하루 종일 쪼그리고 앉아서 넥타이 라벨을 붙이면 겨우 만 원을 벌었다. 어린 나이에도 이 금액은 충격이었다. 왜냐하면 엄마는 나와 동생 밥 차려주는 시간 외에는 한시도 쉬지 않았기 때문이다. 당시 내가 좋아하는 칸쵸가 500원이었다. 엄마가 최소한 20개를 꿰매야 과자 1개를 겨우 사줄 수 있었다.

'돈 버는 게 참 쉽지 않구나.'

그때 처음으로 절실히 느꼈다. 미약하나마 엄마를 돕고 싶은 마음에 바늘을 잡았다. 엄마를 따라 하나하나 꿰맸다. 엄마는 손이 빨라서 하루에 400~500개를 완성했다. 모든 시간을 갈아 넣으면 12,500원을 벌 수 있었다.

나는 손이 느려서 아무리 집중해도 하루 30개가 최대였다. 상다리를 펴고 엄마와 마주 앉아서 넥타이를 바느질했다. 누군가는 안타까운 상황으로 보겠지만 엄마와 행복했던 추억이기도 하다. 삶은 녹록치 않았지만, 엄마와 파도를 헤쳐가고 있다는 희망이 있었기 때문이다.

내가 쉼 없이 바느질하면 900원을 벌었다. 700원 과자, 100원짜리 사탕 1개를 사먹으면 100원이 남았다. 간식비 벌기도 쉽지 않았다. 답답했다. 그래서 어릴 때부터 돈 버는 방법을 찾겠다는 갈망이 있었다.

우리가 새로 살게 될 집을 처음 보러 간 날, 동생은 내게 말했다.

"언니 여기 무서워."

나도 두려웠지만 차마 '나도 무서워'라고 말하지 못했다. 나라도 당당한 척해야 동생이 덜 불안하기 때문이다. 또 무섭다고 생각하면 도저히 못 살 거 같아서, 무섭다는 느낌조차 애써 부정했다.

낡은 집보다 더 무서운 건 개미와 벌레였다. 땅에 과자 부스러기라도 떨어지면, 거짓말 조금도 안 보태고 1분 안에 개미떼가 구름처럼 우르르 몰려들었다. 정말 끔찍했다. 그래서 동생과 나는 지금도 집을 항상 깨끗하게 유지한다. 집을 더럽히면 벌레가 습격할 거라는 생각 때문이다.

당시 상황은 진짜 암울했다. 공부하려고 책을 펴면, 벌레가 기어가고 있었다. 이불 속에도 스멀스멀 기어 다녔다. 한번은 자는데 벌레가 귓속으로 들어가서 병원에서 빼내기까지 했다.

'나는 부자가 돼서 다시는 이런 곳에서 살고 싶지 않다.'

이때 인간으로 태어나서 처음으로 강력한 욕구를 느꼈다. 그리고 지금 내가 매일 바쁘게 살아가는 원동력이 되었다. 강력한 탈출 욕구가 생긴 것과 달리, 세상은 여전히 만만치 않았다. 단란주점 근처에 살다 보니, 항상 정신 나간 아저씨들과 마주쳤다.

"학생 나랑 데이트할래요?"

이런 말을 줄창 들었다. 소름끼치게 싫었다. 아빠보다 나이가 많은 아저씨들이 추근댈 때면 혐오감이 생겼다. 그때부터 무예를 배우겠다고 결심했다. 위험한 세상에서 나를 지킬 힘이 간절히 필요했기 때문이다.

그런 집에서 사는 게 죽기보다 싫었지만, 엄마가 어렵게 구한 집에 대놓고 불만을 드러낼 수는 없었다. 좋은 집에 산다는 건 상상할 수 없는 큰돈이 필요하다는 걸 알았고, 엄마가 그 돈을 구할 수 없다는 사실도 이해했기 때문이다.

친구들이 학원 갈 시간에 나는 집에서 독학을 하거나, 집 근처를 하염없이 배회했다. 그러다 라이터 뽑기에 빠져버렸다. 다들 인형 뽑기는 친숙할 것이다. 집 근처에 술집이 많아서였는지 라이터 뽑기가 유독 많았다.

엄마가 주신 소중한 1,000원을 뽑기 기계에 넣었다. 못 뽑았으면 그만 뒀을텐데, 1,000원을 넣으면 항상 1개는 뽑았다. 나중에는 실력이 좋아져서 1,000원에 5개를 뽑은 적도 있다. 그렇게 뽑기에 중독되었다. 한 번은 책 산다고 거짓말하고 모든 돈을 기계에 털어 넣은 적도 있었다. 1,000원짜리 싸구려 승리감에 젖어들었던 것 같다.

집에는 라이터가 수북하게 쌓였다. 아무짝에도 쓸모없는 전리품이었다. 학교 수업이 끝나면 라이터 뽑기로 출근했다. 천만다행인 게, 라이터 뽑기 주인이 기계의 힘을 약하게 조정했다. 그때부터 뽑히지 않아서 안 하게 되었다. 만약 주인 아저씨가 세팅을 바꾸지 않았다면, 뽑기 중독에서 헤어 나오기 힘들었을 것이다.

이 경험을 통해서 '중독'에서 의지만으로 빠져나오는 게 힘들다는 것을 깨달았다. 변화하려면 환경 자체를 바꿔야 했다. 그 경험을 계기로 TV를 없애기로 결심했다. 1등을 하려면 학교에서도 집에서도 공부해야 하는데, 집에만 오면 TV를 무의식적으로 켰다. 숙제는 잘하는 편이었지만, TV를 보다가 복습 시간을 종종 놓쳤다. 커서 '바보'가 되겠다 싶어서 엄마에게 말씀드렸다.

"엄마, 집에 TV만 없으면 공부를 더 잘할 수 있을 것 같아요."

그 말에 엄마는 다음과 같이 답하셨다.

"공부가 안 되는 걸 TV 탓 하지 마라."

"TV가 싫으면, 밖에 나가서 공부해라."

내 부탁을 들어주지 않는 엄마가 서운했다. 그런데 곰곰이 생각해보니 엄마 말이 맞았다. 독립하는 방법이 있었다. 엄마에게 TV가 소소한 위로를 주었을 텐데, 그걸 무참히 빼앗을 필요는 없었다. 내가 새로운 환경을 선택하면 그만이었다. 굳이 환경을 바꿔주지 않는 엄마를 원망할 이유가 없었다.

그래서 21살 대학생 때 독립하자마자 TV가 없는 환경을 만들었다. TV 없는 대학교 기숙사에 들어갔고, 지금도 집에 TV가 없다. 그 결과 줄곧 1등을 했다. TV를 없앴더니 공부를 더 많이 할 수 있었다. 공부하다가 집중력이 떨어지면 운동을 했다. 21살에 자기계발에 완전히 몰입할 수 있는 환경을 만들었다.

비루했던 인생을 바꾸려면 의지가 중요할까? 환경이 중요할까? 당연히 환경이 중요하다. 맹모삼천지교라는 말이 있다. 어린 맹자가 묘지 근처에 사니 곡소리를 하고, 시장으로 갔더니 사고파는 놀이를 했다. 마지막으로 서당 근처로 이사하니 학업에 집중해서, 당대 최고의 학자가 되었다.

부모는 자녀에게 가장 큰 환경이다. 많은 사람들이 부모님이 원하는 삶을 주지 못한다며 온갖 투정을 부린다. 나 역시 그랬다. 하지만 부모님을 바꿀 수 없다면 자신이 발전에 유리한 환경을 선택하면 된다.

나는 단란주점과 모텔이 즐비한 곳을 벗어나 TV가 없는 환경을 만들면서 육체적, 정신적으로 성숙해졌다. 1등을 놓친 적이 없을 정도로 성적도 수직상승했다. 주어진 환경이 마음에 들지 않는가? 당신에게 언제나 선택권이 있다. 올바른 환경을 선택하면, 그 환경이 나의 미래를 찬란하게 바꾸기 시작한다.

떨어지는
성적,
추락하는 자존감

◆━━━━━━━━━

중학생 때는 가난에서 벗어날 수 있는 유일한 방법이 공부라고 생각해서 1등을 목표로 열심히 공부했다. 그 과정은 무척 즐거웠다.

'1등을 하려면 어떻게 살아야 하지?'

중학생이 되고 나에게 던진 첫 질문이었다.

예전에는 눈뜨면 학교 가고, 친구랑 재밌게 놀고, 집에 들어오는 게 하루를 잘 사는 기준이었다. 그런데 공부를 시작하고, 잘사는 기준이 바뀌었다. 하루가 아닌 주 단위, 월 단위 계획이 필요했다. 중간고사, 기말고사를 잘 봐야 했으니까.

그때부터 매년 다이어리를 샀다. 매일 어떤 과목을 어디서부터 어디까지 공부할지, 어떤 방식으로 정리하고 몇 번 볼 것인지 정해야 했다. 계획하고 실행해서 지키지 못하면 방법을 수정했다. 이렇게 반복하는 과정에서 재미를 느꼈다.

학원이 너무나 가고 싶었다. 친구들은 "아, 또 수학학원 가야 해, 속셈학원 가야 해~ 진짜 가기 싫어."라고 했지만, 나는 학원 갈 형편이 안 되니까, 오히려 너무나 가고 싶은 곳이 되었다.

학교 끝나고 학원으로 가는 친구들이 부러웠다. 그러다가 한 번은 엄마가 학원에 보내줄 수 있다고 해서 뛸 듯이 기뻤다. 그토록 가고 싶었던 학원에서 나는 살다시피했다. 궁금한 게 너무 많았고, 엄마가 어렵게 보내주신 학원이었기 때문에 하나라도 악착같이 더 배우고 싶었다.

학원을 빼먹은 적이 한 번도 없었다. 결석이란 내 사전에 없었다. 공부가 재밌는 이유는 노력한 만큼 성적이 따라왔기 때문이다. 열심히 공부한 내용이 시험 문제로 나올 때는 통쾌했고, 문제를 맞췄을 때의 희열은 이루 말할 수 없이 좋았다.

공부와 시험이 친구들과 노는 것처럼 재밌었다. 당시에는 계획한 만큼, 노력한 만큼 성적이 쭉쭉 올랐다. 집안 형편 때문에 학원을 다니다 말다를 반복했지만, 성적과 등수는 계속 올랐다. 반에서 2, 3등을 찍으니, '전교 10등 안에 들어야겠다'는 큰 목표를 잡았다. 계획하고 이루고, 또 계획하고 이루는 파워J 성향은 이 시절 완성된 듯하다(파워J는 직원들이 붙여준 별명이다. MBTI J가 3개 더해진 느낌이라고 한다).

중학교 성적은 대부분 '수'였다. 내신은 190점 이상이어서 원하는 고등학교 어디든 상위권으로 갈 수 있었다. 3년간 계획적으로 공부하며 자신감이 넘쳤다.

그런데 고등학생이 되고, 공부 인생에 차질이 생겼다. 중학생 때는 교과서 내용을 달달 외우기만 하면 됐다. 암기 과목은 정말 자신 있었다. 노력의 영역이기 때문이다. 그런데 고등학교부터 영어 시험 문제가 교과서에서만 나오지 않았다.

어떤 영어 지문이 나올지 예측할 수 없었다. 교과서를 외우는 정도로는 한계가 생겼다. 영어 성적이 크게 떨어졌다. 전 과목에서 10개도 안 틀리는 내가, 영어에서만 10개 이상 틀렸다. 절망적이었다. 인생 전부를 걸며 노력한 공부를 더 이상 잘할 수 없다니….

자존감이 추락했다. 적당히 잘하는 실력으로는 그토록 원하는 '성공'을 할 수 없다는 것을 일찌감치 깨달았기 때문이다. 중학교 때 친구들과 웃으며 "너 어디 대학 갈 거야?" 하면 "나? 내 실력이면 SKY는 무조건 가지" 대답했는데, 이제는 불가능하다는 절망감을 느꼈다.

공부, 내가 인생에서 처음 경험한 실패였다. 그 후로 다른 과목도 다 자포자기해버렸다. 공부에 흥미를 잃어버렸다. 이 정도로 공부해서는 성공할 수 없다는 걸 알았기 때문이다. 선생님들과 면담할 때마다 단골 멘트를 들었다.

'가희야. 공부도 잘하던 놈이 대체 왜 이러냐? 다시 열심히 좀 해라."

당시에 내 주변 사람들은 '공부하라'고만 했지, 실패를 어떻게 극복해야 하는지는 아무도 알려주지 않았다. 실패를 극복하는 방법을 알아내기까지, 성적은 끝없이 추락했다. 좌절하는 내 모습이 보기 싫었지만, 마구잡이로 사는 것을 멈출 수도 없었다. 더 막 살고, 자포자기하고 싶고, 그런 마음이 드는 건 그때가 처음이었다. 집에 있는 술을 훔쳐 마시면서 일탈도 하고, 마음이 울적해져서 우는 날도 많았다.

'이게 바로 실패구나.'

솔직하게 그 감정을 표현한다면 그랬다.

'하, 인생 존나 힘드네.'

어두컴컴한 내 앞날에, 끝없는 가난이 계속 이어질 것 같아서 절망적이었다. 마음속으로 절규했다.

'누가 제발 좀 저를 이 생활에서 꺼내주세요.' 하고 절규했지만 아무도 꺼내주는 사람이 없었다. 그렇게 2년을 보냈다. 그랬던 내가 어떻게 역경을 극복할 수 있었을까? 나 스스로 터득한 방법은 이랬다.

'나는 진짜로 어떤 인생을 살고 싶은가?'

곰곰이 생각해봤다. 물론 이렇게 생각하더라도 행동은 여전히 좌절모드다. 다 놔버리고, 포기한 상태. 하지만 마음에는 원하는 삶의 방향이 있는 상태.

생각과 현실에 괴리가 있더라도, 몇 초라도 좋으니 앞으로 어떻게 살아갈까를 '생각'해보는 것이다. 그러다 보면, 마음 깊은 곳에서 작은 소리가 들린다.

울 때는 울더라도 어떻게 살고 싶은지, 내가 원하는 삶이 무엇인지 계속 떠올린다. 물론 가끔 상상과 현실의 괴리가 커서 큰 슬픔이 몰려온다. 불가능처럼 느껴져서 좌절감이 들기도 한다. 그래도 살아가야 하니까, 포기하지 않았다.

힘들고 지친 상황이라도, 밝은 면에 집중하고 새로운 목표를 향해 나아가면 실패로 인한 슬픔이 점점 끝나기 시작한다. 공부라는 승부에서는 패배했지만,

'다른 무언가로 내 인생을 역전할 수 있을까?'

'차선책은 무엇인가?'

'지금까지 목표한 것 말고, 새로 잡아야 할 목표는 무엇인가?'

이런 생각을 하면서 내 인생이, 감정이 달라지기 시작했다. 혹시라도 나처럼 실패의 기나긴 터널을 걷고 있는 사람이 있다면 꼭 말해주고 싶다.

'당신은 어떻게 살고 싶은가?'

'당신의 새로운 목표는 무엇인가?'

'무엇이 당신의 다음 목표가 되면 좋겠는가?'

스스로에게 꼭 이렇게 물어보자.

30대가 되니, 그때의 실패를 극복한 시간은 낭비가 아니라 유익한 경험이었다는 걸 깨달았다. 어릴 때 겪은 실패로 인해서 회복탄력성도 강해졌다.

'또 실패했어? 그럼 또 새로운 목표를 잡아! 실행해!'

나는 이렇게 단순하게 산다. 지금도 사업에서 쓰라린 실패를 경험하면 눈물을 짠다. 아이처럼 우~ 소리 내면서 울기까지 한다. 하지만 '다 죽었어!' 외치면서 일하러 나간다. 새로운 목표를 향해서! 인생은 어차피 무수한 실패를 겪게 된다. 원하든 원하지 않든 실패는 계속 된다.

그러니까 결론은,

실패, 피할 수 없으니까 즐기자!

당신은 할 수 있다!

04

아이를 낳으면 무예를 시킬 거예요

✦ ────────

음침한 단란주점, 술 먹고 난동부리는 사람들이 널린 곳. 그곳에 우리 집이 있었다. 나는 그런 환경에서 자랐다.

"열심히 살까?"

"아니면 그냥 포기해버릴까?"

이 질문이 매일 머릿속을 맴돌았다. 인간은 열악한 환경, 지독하게 힘든 상황이 닥치면, 계속할지 포기할지를 결정하게 된다.

여러분은 이런 상황에서 어떤 선택을 내리겠는가? 나는 '계속 살자'를 선택했다. 그리고 반드시 부자가 되고 싶었다.

왜냐하면 인간에게 '살아야 하는' 뚜렷한 목적이나 '반드시 살아낼 것이다'라는 강한 의지 둘 중에 하나만 있으면 계속 살아갈 수 있다고 믿었기 때문이다. 내가 지금까지도 굳세게 살아갈 수 있는 강한 의지는, 중학교 때 다녔던 합기도장에서 만들어졌다.

엄마는 어려운 환경에도 불구하고, 딸이 다니고 싶어 하는 학원비를 내주기 위해 악착같이 일했다. 엄마의 희생 덕분에 나는 그토록 원하는 합기도를 배울 수 있었다.

내 인생 첫 스승님은 합기도를 가르쳐주신 배성 관장님이다. 그분을 인간적으로 깊이 존경한다. 그분은 동네에서 엄격하기로 유명한 분이셨다. 본인의 합기도 관원이 아니어도, 비행 청소년을 보면 그냥 지나치는 법이 없었다. 온 동네를 돌아다니며 비행 청소년, 담배 피는 청소년들의 정신 교육을 똑똑히 시켜주었다. 동네에 선한 영향력을 행사했다. 오죽하면 탈선하는 청소년의 부모님조차 자녀 교육을 맡아달라며 관장님을 찾아왔다.

관장님은 매서운 눈빛을 가졌다. 뜨거운 눈빛에서 무술하는 포스가 강하게 느껴졌다. 동시에 관장님은 예의가 참 바르셨다. 픽업차로 우리를 집에 데려다 줄 때마다 항상 주변 상인 어른들에게 밝고 깍듯하게 인사했다. 항상 정갈한 모습을 보여주셨고, 그분을 진심으로 따르는 제자인 나 역시, 반듯한 모습을 본받으려고 노력했다.

합기도 시간에 운동만 배운 게 아니었다. 관장님은 항상 인성이 제일 중요하다고 강조하셨다. 운동 이전에 '인간'이 되어야 한다고 말씀하셨다. 강자에게는 더 강하고, 약자에게는 더 배려할 수 있는 정의로

운 사람으로 살라는 귀한 가르침을 주셨다.

운동할 때는 그야말로 호랑이 관장님이었다. 매번 나를 체력의 한계까지 몰아넣었다. 천식이 있는 나를 끝까지 달리게 해서 숨을 못 쉴 정도로 만들었다. 앉았다 일어났다만 1시간 넘게 해서 다리가 후들거리고 전기가 찌릿 올라 오줌을 지릴 것만 같았다. 눈이 따가울 정도로 온몸은 땀으로 범벅이 되었다. 정신을 잃을 것 같은 순간이 오면, 관장님은 항상 이 말을 여러 번 외치게 하셨다.

'나는 할 수 있다'

한 번은 관장님이 다리 찢기를 알려주기 위해서, 다리만 들어갈 수 있는 좁은 바닥 틈에 나를 놓고 다리를 일자로 찢어버렸다. 그 순간 근육에서 타다닥 소리가 났다. 고통스런 비명이 터져나왔다. 근육이 심하게 파열되어서 정강이 안쪽부터 허벅지에 피멍이 들었다. 그럼에도 불구하고 관장님을 한 번도 원망한 적이 없다.

왜냐하면 그분 덕분에 천식이 사라지고, 강한 체력과 어떤 역경 속에도 포기를 모르는 자세를 갖게 되었기 때문이다. 또한 관장님은 내게 '뭐든지 하면 된다는 사실을' 수많은 경험을 통해서 알려주셨다.

'그래, 내가 못할 것이 어디 있나?'

마음만 먹으면 무엇이든 될 수 있다는 사실을 확실하게 깨우쳤다. 관장님께 배운 가르침은 지금까지도 내 삶의 근간을 이루고 있다.

관장님은 엄했지만 제자 사랑은 각별했다. 그 사랑을 듬뿍 느꼈기에 운동에 몰입할 수 있었다. 그리고 지금처럼 선한 마음을 갖고 살 수 있게 되었다.

관장님은 제자들을 힘들게 운동시키면서도 항상 '사랑하는 제자야'라고 따뜻하게 대해주셨다. 여름이면 물놀이하러 계곡에 데려가주셨고, 겨울이면 스키장에 놀러갔다. 그렇게 많은 아이들을 인솔하면서, 어떻게 안전사고 한 번 없었는지.

성인이 된 지금도 가끔 관장님과의 추억을 떠올리곤 한다. 물놀이 할 때 먹었던 수박, 노릇노릇 맛있었던 삼겹살까지.

합기도장에는 부모님을 여읜 친구들도 있었다. 나처럼 어디 놀러갈 형편이 안 됐다. 그렇기에 관장님이 만들어주신 경험이 더 특별한 추억으로 남아 있다. 그 시절 합기도장에서 관장님이 사주셨던 짜장면이 얼마나 맛있었는지, 지금은 아무리 고급 중화요리집에 가도 그때 그 맛이 나지 않는다.

스승님과 자칫하면 헤어질 뻔한 적도 있었다. 합기도를 계속 다니고 싶었지만 집안 사정이 안 좋아져서 어쩔 수 없이 그만두어야 했다.

"관장님, 실은 제가 기초생활수급자라 더는 도장을 다니지 못할 것 같아요. 나중에 꼭 다시 찾아뵙겠습니다….."

관장님은 말씀하셨다.

"사랑하는 제자, 가희야. 너는 커서 훌륭한 사람이 될 거다. 돈 걱정은 하지 말아라. 앞으로는 돈을 내지 않아도 된다. 다만 지금처럼 도장에 나와서 열심히 운동해라."

관장님의 따뜻한 말에 눈물이 왈칵 쏟아졌다. 합기도를 그만두고 싶지 않았기 때문이다. 합기도는 하늘에서 내려온 동아줄이고, 유일한 즐거움이었으니까.

'계속 다녀도 된다'는 말에 눈물이 멈추질 않았다. 너무너무 감사했다. 세상에 이렇게 멋진 어른을 만날 확률이 얼마나 있을까? 그래서 나는 관장님을 하나님이 준비해주신 특별한 인연이라 생각한다. 관장님의 배려로 고등학교 졸업 때까지 합기도 훈련을 꾸준히 할 수 있었다.

이 책을 읽고 계신 여러분은 '스승의 날'마다 떠오르는 분이 있는가? 매년 스승의 날이면 나는 배성 관장님이 떠오른다. 친구들의 땀 냄새 가득한 곳, 겨울이면 김이 서리도록 운동했던 대건합기도까지도.

30대가 된 지금도 관장님이 보고 싶을 때는 불쑥 찾아간다. 제 2의 아버지, 사랑하는 관장님은 찾아갈 때마다 어제 만난 것처럼 반겨주신다. 관장님이 나를 사랑해주신 것처럼 나도 진심으로 관장님을 사랑한다. 그래서 나중에 아이를 낳는다면, 꼭 무예를 시키고 싶다. 우리 아이도 꼭 배성 관장님 같은 훌륭한 스승님을 만났으면 좋겠다. 오늘따라 관장님이 더 보고 싶다.

갑상선기능항진증,
왜 나에게
이런 일이

05

가난한 사람은 대체로 자주 아프다. 아플 수밖에 없다. 열악한 환경에서 살기 때문이다. 정크푸드를 먹고, 돈 때문에 스트레스 받아서 잠도 잘 이루지 못한다. 이런 상황에서 어떻게 건강할 수 있을까?

어린 시절 건강한 음식을 먹을 기회가 적었다. 매일 라면으로 끼니를 때웠다. 입 안이 항상 헐어 있었다. 당시에는 왜 입이 허는지 이유를 알지 못했다. 건강에 무지했다. 입 안이 헐어본 사람은 알 것이다. 얼마나 아프고 짜증나는지.

음식을 먹을 때도, 말할 때도 침이 고일 정도로 아팠다. 초반에는 구내염약인 알보칠을 바르면 나았다. 어느 순간부터는 내성이 생겨서 알보칠을 바르면 오히려 염증이 커지기도 했다. 한번은 뺨 한쪽이 전부 헐어서 병원에서 링겔을 며칠간 맞은 적도 있었다. 면역이 떨어질 때로 떨어진 것이다. 다행히 항생제를 먹어서 가까스로 나았다.

고등학교 2학년 때 내 몸이 심각하게 아프다는 사실을 깨달았다. 어느 날 아침 등교를 하려는데 몸이 일으켜지질 않았다.

'몸이 마비된 것일까?' 너무 무서웠다.

'분명 의식은 있는데, 입도 몸도 왜 움직여지지 않는 거지?'

그날 처음으로 결석을 했다.

엄마의 부축으로 가까스로 병원에 갔다. '갑상선기능항진증' 진단을 받았다. 전조 증상이 있었을 텐데 왜 이제야 왔냐고 의사 선생님이 물어보셨다. 그렇다. 나는 사실 한동안 너무 피곤했다. 아침에 일어나는 게 무척 힘들었다. 배가 수시로 고파서 친구 따라 매점에 자주 갔다. 힘이 없어서 병든 닭처럼 수업시간에 졸곤 했다.

"나이도 한참 어린데, 뭐 때문에 그렇게 스트레스를 받은 거니?"

의사 선생님 질문에 대답을 할 수 없었다. 엄마가 옆에 있었기 때문이다. 답은 너무나 명백했다.

'찢어지게 가난한 나의 처지, 벗어나고 싶어도 당장 벗어날 수 없는 상황이요.'

성인이 되고 나서야 알게 되었는데, 그때 내가 느꼈던 감정은 무기력이었다. 가난한 환경, 아무것도 혼자 해결할 수 없다는 무기력함, 학생이라서 어른처럼 돈도 벌 수 없고, 공부에만 집중할 수도 없는 힘든 환경이 나를 억누르고 있었다.

'갑상선기능항진증이라니.'

가난도 서러운데 아프기까지, 엎친 데 덮친 격이었다. 치료를 위해 갑상선 약을 먹고 나서 절망스러운 일이 또 생겼다. 안구가 튀어나오기 시작한 것이다. 갑상선기능항진증의 대표적인 증상이다. 눈의 압력이 증가되어 눈이 튀어나오는데, 외모 콤플렉스는 이때 더 심각해졌다.

몸매에도 변화가 생겼다. 살이 점점 찌기 시작했다. 허벅지에 살이 쪄서 많이 걸으면 허벅지 안쪽 살이 스쳐서 아팠다. 배가 튀어나와서 가슴보다 볼록했다. 눈 깜짝할 사이에 10kg 넘게 불었다. 그런 내 모습이 싫었다. 남들이 나를 어떻게 볼까 항상 신경 쓰였다. 내 몸에서 이상한 땀 냄새가 나는 것 같았다.

내가 뚱뚱하고 나대서 싫다는 친구들이 생겨났다. 어린 마음에 정말 상처가 됐다. 너무 속상했다. 나를 잘 모르는 친구가 뚱뚱하다는 이유로 나를 싫어하는구나.

'어떻게 겉모습만 보고 나를 판단하지?'

그래서 다이어트를 결심했다.

'꼭 다이어트에 성공해서 보여주겠어.'

매일 아침, 점심 식사 전에 1,000번씩 줄넘기를 했다. 초반에는 너무 힘들어서 관두고 싶었다.

'그냥 돼지처럼 살까?'

'사람들이 나를 뚱뚱하다고 손가락질하면 참고 살면 되지 않을까?'

합리화하고 싶은 적도 있었다.

'아니, 죽기보다 싫어. 비참하게 살고 싶지 않아.'

'나는 할 수 있어.'

마음 깊은 곳에서 나를 긍정하는 소리가 들려왔다. 숨이 너무 차서 쓰러질듯이 헥헥거릴 때마다 마음속 깊은 목소리를 들었다.

'한걸음만 더.'

'한 번만 더 뛰자.'

딱 한 개만 더한다는 마음으로 힘을 냈다. 그게 모여서 매번 1,000번을 넘을 수 있었다.

저녁에는 합기도장까지 걸어다녔다. 밤 10시부에 다녔는데, 11시 캄캄한 밤에 집으로 돌아오는 길이 하나도 무섭지 않았다. 그보다 더 무서운 건 '살이 빠지지 않은 것'뿐이었으니까. 합기도장은 집에서 걸어서 1시간 걸리는 곳에 있었다. 다이어트를 하기 위해 매일 2시간씩 걸어다녔다.

소식하는 습관도 길렀다. 하지만 간식을 참는 건 매우 힘들었다. 식욕을 참지 못해 먹기도 했다. 하지만 지금 빼지 못하면 미래는 더 처참할 것이기에 어떻게든 참으려고 했다. 처음에는 절제하기가 어려웠는데, 몸매가 점점 날씬해지면서 먹는 기쁨보다 살 빠지는 기쁨을 더 크게 느끼게 되었다.

갑상선 치료도 열심히 받았다. 고등학생 때부터 매달 대학병원에 방문했다. 대학병원에 가는 일은 정말 피곤했다. 한 번 갈 때마다 수시간씩 대기하고 피를 뽑았다. 병원 의자에 앉아 있으면서 우리 가족은 이런 일을 안 겪으면 좋겠다는 생각을 자주 했다.

그렇게 8개월을 꾸준히 노력했더니 10kg 정도 감량이 되었다. 허벅지에 붙어 있던 살이 떨어졌고, 배도 가벼워졌다. 살이 쪄서 이중턱으로 보였던 게 하나로 변해가기 시작했다. 거울을 볼 때마다 기분이 좋았다. 정말 노력한 만큼 되는구나. 운동을 더 열심히 해야겠다는 동기 부여도 되었다.

다이어트에 성공하고, 얻은 것은 날씬한 몸매만이 아니었다. '무엇이든 할 수 있다'는 자신감. 다이어트로 얻은 최고의 가치였다. 그때부터 '나도 건강하고 남도 건강하게 만드는 부자'가 되겠다고 결심했다.

갑상선기능항진증에 걸려서 절망하기도 했지만, 어린 나이부터 건강을 잃어봤기 때문에 일찌감치 건강의 소중함을 깨달을 수 있었다. 누구나 건강을 위해 운동하고, 균형 잡힌 식사를 해야 한다는 진리를 몸으로 이해했다.

이때부터 건강해지는 방법, 살 빠지는 방법이라면 눈에 불을 켜고 봤다. 다이어트 정보가 재밌게 느껴졌고, 내 몸에 적용해보고 효과가 있으면, 살 때문에 고민하는 친구들에게 적극적으로 알려줬다. 친구들은 내가 10kg을 감량한 과정을 전부 보았기 때문에 내가 말하는 살 빠지는 비법이라면 모두 믿어주었다. 그래서 친구들에게 운동과 다이어트 방법을 알려주는 일이 더 보람차고 즐거웠다.

06

여고생이
돈을 많이 벌려면
어떤 일을 해야 할까?

학교에 가려고 버스 타기, 간식 사먹기, 학용품 구매하기. 모든 일을
하는 데 돈이 필요했지만, 엄마가 주는 용돈은 턱없이 부족했다. 조금
이라도 돈을 벌어보고 싶은 생각에 아르바이트를 알아봤다. 하지만 아
르바이트 정보를 구하는 것조차 쉽지 않았다. 당시 인문계 고등학교
를 다니고 있었다. 다들 수능 준비에 여념이 없었다. 아르바이트하는
친구를 찾기란 하늘에 별 따기였다. 백방으로 수소문한 끝에 겨우 다
른 학교에 다니는 친구를 통해서 아르바이트 정보를 구할 수 있었다.
롯데리아 아르바이트였다. 시급은 3,480원이었다. 짜장면 한 그릇도
5,000원이 넘는데 가성비가 너무 떨어졌다.

'학생이 효율적으로 돈 벌 수 있는 일이 없을까?'

1시간을 투자해서 3,480원 벌기는 죽기보다 싫었다. 솔직히 착취 같았다. 시간에 대한 보상을 제대로 해주는 알바 자리를 구하고 싶었다. 어른스럽게 이력서를 써보자는 생각이 들었다. 이력서 양식 몇 장을 사서, 한 글자 한 글자 정성스럽게 써내려갔다. 사진을 붙이고 이름과 생년월일을 쓰고 나니, 경력란에 초중고를 어디 나왔는지 말고는 하나도 쓸 게 없었다.

내가 사장이라도 뽑지 않을 이력서였다.

'이게 지금의 나구나. 반드시 쓸모 있는 사람이 되어야겠다.'

'경력란에 뭐라도 쓸 수 있는 사람이 되어야겠다'고 다짐했다. 이력서에는 학교밖에 쓸 수 없었지만 그대로 주저앉을 수 없었다. 어디라도 제출해봐야겠다고 생각했다. 당시에 운동으로 다이어트한 경험이 있어서 운동 관련 일을 해보고 싶었다. 구리시장에 위치한 아디다스 매장에서 아르바이트를 구한다는 소문을 듣고 찾아갔다.

"안녕하세요! 여기 아르바이트 구한다고 하셔서 찾아왔는데요."

"네, 이력서 두고 가면 됩니다."

말을 걸어볼 틈도 없이 가게를 나왔다.

'이게 뭐지? 내가 어떤 사람인지 하나도 보여주지 못했는데!'

너무 속상했다. 잘할 수 있는데, 말을 붙이지 못한 게 아쉬웠다. 아니나 다를까 아디다스에서는 수일이 지나도 아무런 연락이 오지 않았다.

'이런 게 탈락의 기분이구나.'

말을 더 못한 게 억울했고, 나라는 존재를 거절당한 기분이 들어서 별의별 생각이 들었다.

'내가 한 건 인사밖에 없었는데? 대체 왜 떨어진 거야?'

곰곰이 생각해보니까 결론은 하나였다.

'내가 못생겨서 그런 거구나.'

더 깊이 좌절했다. 운동으로 다져진 자신감이 외모 얘기만 나오면 위축되었다. 좌절은 곧 분노로 바뀌었다.

'내 외모가 어때서?'

'나를 안 뽑았으니까 저 아디다스는 다시는 안 가야지.'

나를 뽑아주지 않은 아디다스가 망하기를 바랐다. 아마 이때 나를 세일즈를 못한 게 천추의 한이 되어서, 사회에서 열심히 세일즈를 하게 되지 않았나 싶다.

'대체 어디서 일하고 돈을 벌어야 하지?'

깊은 고민에 빠졌다. 돈은 많이 벌고 싶고, 시간은 비교적 적게 투자하고 싶었다. 야간자율 학습은 밤 9시까지 의무적으로 해야 했는데, 나는 6시 수업이 끝나면 야간 자율학습을 건너뛰고, 알바를 하러 갈 생각이었다. 실업계 학교를 다니는 친구에게 우리 나이에 돈 많이 버는 일이 뭐가 있는지 물어보았다. 그 친구는 명쾌하게 해답을 주었다.

'짜장면 배달 아르바이트'

당시 롯데리아에서 시급 3,000원 정도를 줬는데, 짜장면 배달은 8천 원을 주었다. 2배 이상, 바로 이거다! 무조건 짜장면 배달을 하겠다고 결심했다. 게다가 짜장면 배달은 얼굴이 중요하지 않으니까 뽑힐 확률이 높았다. 여학생이 오토바이 배달하는 경우는 없다지만, 오토바이 면허만 있으면 문제되지 않을 것 같았다. 만약 짜장면집 사장님이 내가 여자라서 안 된다고 하면, 어떻게든 사장님을 설득해서라도 알바를 하고 싶었다. 아디다스에서처럼 단칼에 거절당하기 않기 위해, 두어 마디라도 더 해보겠다고 다짐했다.

이때부터 내 관심사는 온통 오토바이 시험 합격이었다. 남학생들이 오토바이는 자전거랑 비슷해서 쉽게 딸 수 있을 거라고 귀띔을 해주었다. 그때 나는 양손 놓고 자전거를 탈 수 있는 수준이어서, 오토바이 연습을 한 번도 하지 않고 시험보기만을 기다렸다.

경찰서에서 시험을 보는데, 웬걸? 오토바이는 자전거랑 차원이 달랐다. 넘어지지는 않지만, 구불구불한 코스를 합격하기가 너무 어려웠다. 체구가 작은 나는 오토바이를 제대로 끌지도 못했고 당연히 시험에서 탈락했다. 단념이 안 돼서 한 달 후에 재시험을 봤다. 결과는 역시나 탈락이었다.

오토바이 면허를 못 따면서 짜장면 배달 알바는 포기할 수밖에 없었다. 아르바이트 도전이 전부 좌절되니, 이내 깊은 생각에 잠겼다.

'나는 앞으로 무엇을 해야 할까?'

'진짜 내가 할 일은 무엇일까?'

쓸모 있는 사람이 되려면, 지금부터 착실히 준비해야 하는데, 공부는 아닌 것 같고, 뭘 해야 인생이 달라질 수 있을지 깊게 고민했다. 몇

날 며칠을 고민한 덕분에 아주 기발한 생각을 떠올렸다.

바로 '학생회장'이었다.

정말로 뜬금없이 갑자기 그런 생각이 들었다.

'지금 당장 남들보다 돈을 두 배로 벌 수 없다면, 남들이 쉽게 될 수 없는 유일한 존재가 되겠어!'

그 생각의 결론이 학생회장이었다. 학생회장이 되면 내 인생이 완전히 달라지지 않을까? 그래, 도전해보는 거야. 이번에는 어떻게든 해내고 말겠어! 매일 자기 전에 학생회장이 되는 꿈을 생생하게 상상했다. 그렇게 나는 짜장면 배달을 꿈꿨던 소녀에서 학생회장을 꿈꾸는 사람이 되었다.

학생회장,
지푸라기라도 잡는
심정으로

07

"너는 어느 대학교에 갈 거야?"

"서울대? 고려대?"

중학생 때 친구들과 명문대 진학에 대한 이야기를 자주 나눴다. 막상 고등학교에 진학하니 명문대의 문턱은 아득히 높았다. 서울대에 가려면 1학년부터 성적이 월등해야 하는데, 내신을 망쳐서 가망이 없어 보였다. 그렇다고 자포자기하고 학창 시절을 좀비처럼 보내긴 싫었다.

'공부 말고 의미 있게 살아가는 방법이 없을까?'

밤마다 이불 속에서 진로를 고민했다. 그러다 인생 역전의 묘수가 떠올랐다.

"학생회장을 해야겠어!"

'다른 사람을 섬기는 리더가 된다면, 나의 가치를 충분히 인정받을 수 있을 거야.'

나는 학생회장의 꿈에 완전히 매료되었다. 매일 밤 학생들 앞에서 당선되는 모습을 상상했다. 나에겐 학생회장을 꿈꿀 수 있는 몇 가지 근거가 있었다. 남학생, 여학생 가리지 않고 소통을 잘 해서 인기투표를 하면 항상 1등이었다. 무술 동아리 활동을 하면서 선후배를 많이 사귀었는데 예의 바르다는 평판이 있었다. 그래서 큰 역할도 책임질 수 있다는 자신감이 있었다.

학생회장이 되려면 구체적으로 무슨 준비를 해야 되지? 간절히 바라니 방법이 떠올랐다. 그래! 친구, 선후배들과 지금처럼 좋은 관계를 유지하자. 무술 동아리 동기와 후배들에게 선거팀을 요청하고, 나를 지지해줄 수 있는 진실된 친구들을 사귀자. 다음 날, 들뜬 마음으로 엄마에게 학생회장이 되고 싶다는 꿈을 말했다. 엄마가 세상에서 제일 지지해주기를 바랐지만, 엄마의 반응은 예상과 사뭇 달랐다.

"가희야, 학생회장이 쉬운 줄 아니? 그런 거 혼자 하는 게 아니야. 부모가 봉사하고 돈도 받쳐줘야 할 수 있는 거야."

엄마의 차가운 반응에 서운함이 몰려왔다.

"왜 엄마는 매번 내가 뭘 한다고 하면, 안 된다고만 하세요!"

계속 말해봐야 좋은 소리 못 들을 테니 더 이상 아무 말도 하지 않았다. 하지만 마음 한켠에는 학생회장을 향한 꿈이 점점 더 커지고 있었다. 2학년이 되고 학생회장 공고까지 반년이 남았다. 그 전에 학급 반 회장에 도전했다. 만약 여기서 떨어졌다면 크게 실망했을 텐데, 감사하게도 과반수 이상 득표로 학급의 리더가 되었다. 학생회장의 불씨를 이어갈 수 있었다.

나는 학급반 회장이 되고, 모든 학생이 자신의 소중한 가치를 느끼며, 학창 시절을 보내기를 진심으로 바랐다. 반에 40명 정도 있었는데, 어울리지 못하고 소외되는 친구들이 있었다. 그 친구들을 유심히 관찰했다. 누가 무슨 이유로 소외되는지 파악했다. 외모가 너무 못 생겨서, 뚱뚱해서, 소문이 안 좋아서, 성격이 사차원이어서, 또래들과 대화가 원활하지 않아서, 이기적이어서, 너무 공부만 해서 등 이유는 천차만별이었다.

누군가는 그들이 평균과 다르니, 소외받는 게 당연하다고 생각했다. 하지만 나는 친구들이 남들과 다르다는 이유만으로 차별 받으면 안 된다고 생각했다. 특히 내가 리더로 있는 이상 왕따는 절대 용납할 수 없었다. 외모가 떨어지거나 사차원 성격일지라도 남에게 피해만 주지 않는다면 모두 좋은 사람이니까. 학급의 화합을 위해서, 단합 대회 시간에 직접 레크리에이션을 준비했다. 학급 친구들은 친한 애들하고만 게임을 하려고 했다.

"얘들아, 오늘은 랜덤이야. 제비뽑기한 사람하고 짝이 되는 거야."

제비뽑기를 해서 싫어하는 친구와 짝이 되면 기분이 나쁘다고 소리치며 바꿔달라고 했다. 나는 일부러 대놓고 질문했다.

"네가 싫은 이유를 말해봐."

"그냥 싫어."

"이유가 타당하지 않으니 들어줄 수 없어."

단순히 상대가 싫다는 이유로 짝을 바꿔줄 수 없다고, 모든 학급 친구에게 분명히 말했다. 바짝 긴장하고 있던 소외된 친구들이 혹여나 불편해할까봐 친근하게 말을 걸었다. 내 생각은 적중했다. 막상 게임을 하니까 모든 친구들이 재미있게 놀기 시작했다. 단지 평소에 이상하다는 딱지를 붙이고 거부했을 뿐, 실제로 어울려보니 똑같이 좋은 아이들이었다. 즐거운 분위기가 무르익어서 긴장이 사라졌을 때, 나는 친구들에게 진지하게 이야기했다.

"얘들아 나도 못 생겼지만, 못 생겨서, 뚱뚱해서, 공부만 해서, 사차원이라서 소외받는 친구들도, 알고 보면 나쁜 애는 하나도 없더라. 오늘 함께 게임해보니 진짜 그렇지 않니? 각자 다른 환경에서 자라서 성격이 좀 다를 뿐이야. 다르다는 이유만으로 미워하고 싫어할 필요는 없어. 그러니 앞으로 1년 동안 사이좋게 지내보자."

다르다는 이유로 누구도 차별받지 말아야 한다는 어찌 보면 당연한 이야기를 했는데, 이를 계기로 많은 친구들이 나를 리더로 좋아하고 따라주었다. 시간이 흐르고, 드디어 학생회장 공고가 났다. 엄마한테 욕 한 사발 먹는 한이 있더라도 나는 반드시 하고 싶었다.

"그건 돈 있는 애들이나 하는 거야."

"가희야, 제발 평범하게 학교만 다녀라."

엄마는 한사코 말렸다. 하지만 포기할 수 없었다. 오랜 시간 준비한 거라 잘 해낼 자신이 있었으니까. 내가 하도 뜻을 굽히지 않아서, 하루는 엄마가 술을 잔뜩 드시고 집에 들어오셨다.

"제발 안 나가면 안 되겠니…."

엄마는 울면서 말씀하셨다. 엄마의 눈물에 마음이 찢어질듯 아팠다. 하지만 아무 말도 할 수 없었다. 오히려 사랑하는 엄마한테 폐 끼치지 않고 해낼 방법을 찾으리라 다짐했다.

나는 반대를 무릅쓰고 출마했다. 학생회장이 되기 위해 혼신의 힘을 다했다. 선배, 후배 반을 다니면서 열성적으로 설득했다. 나는 빨간 뿔테 안경에 파란색 머리띠를 쓰고 다녔다. 김가희의 트레이드 마크였다. 친구들은 나를 홍보하기 위해 똑 닮은 캐릭터를 만들었다. 사랑하는 친구들은 나를 위해 헌신적으로 홍보했다. 스케치북에 캐릭터를 그려서 제작하고, 가면까지 만들어서 쓰고 다녔다. 부끄러움이 많은 친구들은 캐릭터 가면을 쓰고 따라다니며 응원해줬다. 쉬는 시간마다 선거 연설하러 선후배 반을 찾아다녔는데, 정말 감사하게도 친구들 20명이 우르르 따라와서 내 옆을 지켜줬다. 친구들의 응원 덕분에 더 힘차게 외쳤다.

"여러분, 저 김가희를 뽑아주십시오."

"우리 학생들을 위해서 이 한 몸 부서져라 헌신하겠습니다."

드디어 개표 날, 후배에게 전화가 왔다.

'누나가 2위보다도 압도적으로 앞서고 있습니다. 결과는 이미 나온 것 같습니다.'

그렇게 나는 전체 학생 70%의 지지를 받으며 최종 당선되었다.

'내가 진짜 당선된 건가?'

'오랫동안 간절히 바라던 꿈이 진짜로 이루어진 건가?'

태어나서 처음으로 기쁨의 눈물이 하염없이 터져나왔다. 함께 고생해준 친구와 후배들에게 너무 고마웠다.

얼마 후 절차에 따라서 교장 선생님은 부모님을 모셔오라고 했다. 학생회장이 되어서 뛸 듯이 기뻤지만, 한편으로는 너무 무서웠다. 아직 엄마한테는 말도 못했는데….

'정말 돈이 없으면, 학생회장이 될 수 없는 걸까?'

머릿속에서 온갖 걱정이 맴돌았다. 엄마에게 가까스로 말을 꺼냈다. 학생회장이 돼서 교장 선생님이 보자고 하신다고. 엄마는 화를 내지도 않고 칭찬도 하지 않았다. 알겠다고만 하고 교장 선생님을 만나러 가셨다. 그리고 엄마를 통해 교장 선생님이 하신 말씀을 전해들을 수 있었다.

"어머님, 가희 학생이 그러더군요. 기초수급자라서 집에 돈은 없지만, 학생회장 일은 잘 할 수 있다고요. 가르쳐만 주시면 뭐든지 잘하겠다고요. 허허! 이렇게 당차게 말하는 학생은 처음 봅니다. 어머님 홀로 어려운 환경에서 이렇게 훌륭하게 따님을 키우시느라 얼마나 고생이 많으셨을까요. 정말 대단하십니다."

그날 교장 선생님의 따뜻한 말 한 마디에, 엄마는 다리가 풀릴 정도로 통곡하셨다. 엄마가 나를 키우면서 난생 처음 다른 사람에게 들은 '한 줄의 인정'이었다.

밤낮 가리지 않고 빚을 갚기 위해 열심히 일하신 엄마. 그러면서도 자녀를 제대로 키우지 못하고 있다는 죄책감에 시달리셨다. 그동안 얼마나 힘드셨을까. 가난한 형편에 자녀를 궁핍하게 기르고 있다는 무거운 죄책감은 교장 선생님의 따뜻한 한 마디에 눈 녹듯 사라졌다. 그 후로 엄마는 내가 학생회장 역할을 잘해낼 수 있도록 열성적으로 지원해주셨다. 김가희의 인생 첫 도전 학생회장 선거는 이렇게 아름답게 막을 내렸다.

08

생일에
문자만 1,000통,
인간관계의 힘

✦

한때 대한민국을 떠들썩하게 만든 대한항공 조현아 부사장의 '땅콩 회항'을 기억하는가? 조현아 부사장은 대한항공 퍼스트클래스에 탑승했다. 승무원은 마카다미아라는 견과류를 쟁반에 받쳐서 서비스했는데, 그녀는 왜 봉지를 까주지 않냐고 지적했다. 승무원은 매뉴얼대로 한 것이라고 설명했지만, 조현아 부사장은 노발대발하며 비행기를 회항시켰다. 그 과정에서 250명 무고한 승객들이 피해를 봤다.

우리는 여러 매체를 통해 소위 리더들이 '갑질'로 물의를 빚는 모습을 목격한다. 그들의 추태를 보면 "저 사람 대체 왜 저래? 미친 거 아니야?"라는 말이 절로 튀어나온다. 평범한 사람이라면 상상도 할 수 없는 행태를 보이기 때문이다. 리더의 갑질을 보고 들을 때마다 찬물에 맞은 것처럼 정신이 번쩍 든다.

'만약에 내가 저런 사람이 되었으면 어쩔 뻔 했나?'

리더들의 부정적인 뉴스에 경각심을 갖는 이유는, 학생회장 때 잠시 권력의 맛에 취해서 안하무인했던 경험이 있기 때문이다. 당시에 학교 축제를 성공적으로 치르기 위해서 밤낮없이 일을 했다. 학생회 관리, 모든 동아리 운영계획 검토 및 예산 분배, 타 학교의 찬조 공연 면접, 무대 시설 구축, 가수 섭외, 행사 공간 기획 및 축제 시간 계획 등 모든 것을 완벽하게 해내야 했다.

많은 일을 차질 없이 완수하기 위해서 학생회 임원들에게 업무를 맡기고 피드백을 주고받았다. 학생회장은 일이 바쁜 만큼 나름의 특권이 있다. 야간 자율학습을 합법적으로 하지 않을 수 있었다. 보충 수업 때 학생회에 일이 있다고 하면, 선생님들은 열외시켜주셨다.

수업을 듣고 싶으면 듣고, 안 듣고 싶으면 안 들을 수 있었다. 처음에는 일이 있을 때만 수업에 빠졌지만, 나중에는 내키는 대로 행동했다. 몸이 힘들면 학생회실에서 쉬기도 했다. 대부분은 진짜로 학생회 일이 바빠서 수업을 듣지 못했지만, 특별한 일이 없을 때도 수업을 빠진 적이 있었다.

이렇게 나는 학생회장으로서 특권을 누리기 시작했다. 권위에 찌들어서 상태가 조금씩 나빠지기 시작했다. 내가 '회장'이라는 이유로 사람들이 내게 잘 보이려고 노력한다는 사실도 알았다.

동아리 예산을 더 많이 받고 싶은 기장과 이권을 얻으려는 친구들이 특히나 내게 친근하게 굴었다. 누가 봐도 목적이 뚜렷하게 접근했지만 솔직히 싫지만은 않았다.

학생회장을 처음 할 때는 나의 말과 지시를 따라주는 친구들이 진심으로 고마웠다. 그런데 시간이 흐를수록 내 말을 따르는 게 당연하다고 여겨졌다.

'왕이 되면 이런 기분일까?'

권력의 맛에 완전히 굴복해버렸다. 학생회의, 회식자리, 행사가 있을 때 내 자리는 언제나 센터였다. 내가 한 마디를 해야 행사가 시작되었고, 마무리를 외쳐야 행사가 끝났다. 어딜 가든 환대받았고 친구들은 나를 주인공으로 대해줬다. 아이돌이 이런 느낌일까, 하늘을 날고 있는 듯했다.

18살 생일, 축하 메시지만 1,000통을 받았다. 태어나서 가장 많은 축하가 쏟아졌다. 생일 아침부터 전화는 불이 났다. 감동해서 눈물을 흘려야 마땅하지만, 내가 느낀 감정은 의외로 '당연함'이었다.

'내 생일이니까, 당연히 축하받아야지.'

지금 생각하면 머리를 쥐어박을 만큼 교만하기 짝이 없었다. 자만심이 하늘을 찔렀기에 1,000통의 메시지에 단 한 개의 답장도 보내지 않았다. 마치 원래 학생회장으로 태어날 운명이었던 것처럼 인기와 명예를 만끽했다. 그러다 꿈에서 깨는 순간이 찾아왔다. 하루는 전단지 아르바이트를 했다.

'이깟 전단지쯤이야, 우리 학교 애들 다 받게 할 수 있지. 일이 너무 쉽게 끝나겠는 걸?'

자아도취의 끝판왕이었다. 그런데 웬걸? 후문에서 열심히 전단지를 돌리는데, 신입생 후배들은 받지 않았다. 나는 어떻게든 받게 하려고 신입생들 팔 사이에 강압적으로 껴넣기도 했다. 하지만 어떻게든 피하려는 후배들한테 화가 치밀어 올랐다. 그러다가 한 신입생이 내가 쬘러준 전단지를 눈앞에서 땅에 버렸다. 순간 울컥해서 후배를 불러 세웠다.

"야, 너 거기 서!"

그 다음 내가 한 말은 가히 충격적이었다.

"너 내가 누군지 알아?"

(지금 생각해도 얼굴이 화끈거린다)

후배가 말했다.

"누구신데요?"

나는 머뭇거리며 대답하지 못했다.

'지금 후배한테 무슨 말을 한 거지? 내가 어쩌다 이렇게 변했을까?'

내 한심한 행동에 물음표가 크게 떠올랐다. 후배의 한 마디는 꿈속을 허우적대던 나를 일깨웠다. 낯뜨거웠다.

'내가 뭐라고 이렇게 오만하게 행동하지?'

그동안 나는 권력의 맛에 깊이 중독되었다. 모든 친구들이 나를 떠받드니까, 소중한 존재의 숭고한 가치를 잠시나마 잊어버렸다.

학생회장에 당선될 때 내가 뱉은 '공약'이 떠올랐다.

'언제나 너희를 소중하게 생각할게.'

1년도 지나지 않아 친구들과 했던 약속을 까마득하게 잊어버렸다. 정신이 번쩍 들었다. 이렇게 살다간 소중한 인연을 잃어버리겠구나.

'가희야, 정신 차리자.'

다음날 그 후배를 찾아가 사과하고 싶었다. 하지만 이름도 얼굴도 기억하지 못했다. 나는 그때 일을 계기로 곁에 있는 친구들이 얼마나 고마운지 새삼 깨달았다. 1,000통의 축하 메시지를 보내준 선후배 친구들에게 진심으로 감사하게 되었다.

리더들이 자행하는 '갑질'을 리더십 분야에서는 '디레일먼트derailment'라고 부른다. '탈선'이라는 뜻이다. 나는 지금까지 회사 대표로 있지만, 비슷한 물의를 일으킨 적이 한 번도 없다. 리더의 디레일먼트가 자신과 조직에 얼마나 치명적인지 일찍이 깨달았기 때문이다.

지금도 뉴스에서 '갑질'이란 단어가 나오면, 내가 뱉은 '망언'이 떠오른다. 동시에 천만다행이라고 생각한다. 어렸을 때 실수했기에 망정이지, 성인이 돼서 리더의 자리에 오르고 한심한 말을 내뱉었다면? 결과는 상상만 해도 끔찍하다. 소중한 사람이 떠나가고, 여론의 뭇매를 맞았을 것이다.

리더의 자리는 결코 자신만의 능력으로 오를 수 없다. 주변 사람들의 도움이 절실히 필요하다. 그래서 리더들이 갑질로 논란을 겪을 때마다 너무 안타깝다. 왜 저 사람들은 주변 사람에 대한 감사함을 잊었을까? 나도 생일날 축하 메시지를 보내준 1,000명의 든든한 지원군이 있었기 때문에 학생회장의 자리에 있을 수 있었다.

잠시 '고마움'을 잊었지만, 그 일을 계기로 지금까지 '감사함'을 잊은 적이 없다. 학생회장 경험은 나에게 소중한 자산이 되었다. 권력의 중심에 서는 느낌, 왕이 되는 기분을 알게 해주었다. 그리고 리더가 안하무인일 때 생길 수 있는 씁쓸한 결말을 예상하게 해주었다. 그때 일을 곱씹으면서 매순간 자중하고 또 자중한다.

내가 지금까지 리더로서 살 수 있게 함께 노력해주는 많은 분들에게 진심으로 감사하다.

2장

편부모 가정, 기초생활수급자, 핸디캡이 아닌 인생 스펙이다

4등급이
어떻게
수시에 합격했을까?

01

고3 때 성적은 평균 4등급으로 평범했다.

'이 정도 성적으로 좋은 대학에 갈 수 있을까?'

성적이 추락하기 전, 내 꿈은 의사였다. 타인을 건강하게 만드는 일을 하고 싶었다. 하지만 과학 시간에 토끼 해부를 해보고 의사의 꿈이 흔들렸다. 토끼의 피만 봐도 헛구역질이 올라왔다. 소 눈을 해부하는 실험도 했는데, 역한 냄새가 진동해서 잠시도 있기 힘들었다. 그 후로 의사의 꿈을 완전히 접었다.

다음으로 내린 결정은 간호사관학교였다. 타인을 건강하게 만드는 일을 해야겠다고 결심하며 입학시험을 준비했다. 하지만 공부 실력이 부족해서 낙방했다. 의대도 안 되고 간호사관학교도 못 가고 낙동강 오리알처럼 느껴졌다.

'나는 대체 어떤 과를 가야 한단 말인가?'

진로를 결정할 때는 항상 타인을 이롭게 하는 일을 최우선으로 선택했다. 학생회장을 하면서 남을 돕는 게 얼마나 즐거운지 몸소 경험했다. 학생회장 역할을 충실히 해내면서 주변 사람을 행복하게 만들고 싶다는 마음이 더욱 커졌다. 그렇게 소방관이란 직업을 알게 되었다.

'그래! 위험에 처한 타인을 구하고, 생명을 지키는 일, 소방관은 엄청 매력적인 직업이다. 도전하겠어.'

이렇게 전기소방공학부에 도전했다. 다행히 경원대 전기소방공학부 수시는 성적만 보지 않고 면접도 봤다. 성적이 부족했던 나는 면접에서 점수를 따야 했다. 학생회장을 하면서 대중 앞에서 얘기할 기회가 많았기에 면접은 유리하다고 생각했다. 학생들 앞에서 했던 스피치, 학교를 대표해서 타 기관과 나눴던 이야기, 학생으로서 학부모와 선생님들에게 말했던 시간이 말하기 자신감을 만들어주었다.

드디어 대학교 면접날, 엄마가 동행하셨다. 평소에 비판적이고 현실적인 조언을 많이 하는 엄마도 그날만큼은 잘 될 거라 응원해주셨다. 면접장은 학생들로 북적거렸다.

'겨우 2명 뽑는데, 왜 이렇게 많이 왔나.'

경쟁률은 18대 1이었다.

쉽지 않은 싸움이 예상되었다. 압박감이 들었으나 옷매무새를 단정히 가다듬었다. 언제나 그랬듯 '나는 할 수 있다'를 속으로 끊임없이 되뇌었다. 면접 순번이 1번이었기에 유리하다고 판단했다. 1번은 떨림의 순간이 짧다. 대학 면접이라는 인생의 터닝 포인트에 첫 번째로 기회를 받은 것에 감사했다.

"김가희 학생 들어오세요." 부름을 받고 면접실로 입장했다.

심장이 미친 듯이 요동쳤다. 하지만 입가에 미소는 어느 때보다 크게 지었다. 호기롭게 자기소개를 했다.

"안녕하세요. 1번 김가희입니다. 오늘 면접을 볼 수 있는 기회를 주셔서 교수님들께 진심으로 감사드립니다."

함박 미소를 짓고 있는 나와 달리 교수님들은 아무런 표정이 없었다. 냉랭한 분위기에도 미소를 잃지 않기 위해 노력했다. 전공 관련 질문이 3개가 나왔는데 너무 어려웠다. 순간 이런 생각이 들었다.

'나에게 왜 이런 어려운 질문을 하는 걸까?'

'이 면접을 통해 교수님들이 나에게 보고 싶은 것은 무엇일까?'

정답을 말할 수 있으면 베스트겠지만, 말할 수 없을 때는 적극적인 태도가 중요하다고 생각했다.

"제가 맞게 답했는지 모르겠습니다만, 앞으로 가르쳐주시면 열심히 배우겠습니다."

이 말을 끝으로 교수님들은 면접이 종료되었으니 나가보라고 하셨다. 나는 이대로 순순히 나가서는 안 된다고 직감했다.

"교수님, 제가 마지막으로 준비한 게 있는데 보여드려도 될까요?"

면접관님은 총 다섯 명이었는데, 두 분은 안 된다고 손짓했지만, 나머지 세 분은 궁금하다는 눈빛으로 해보라고 하셨다. 다행히 기회를 붙잡았다. 나는 일어서서 냅다 노래를 불렀다.

한 손은 마이크를 쥔 자세를 취하고, 다른 한 손은 안무에 맞춰서 요리조리 손짓했다.

"일부러 안 웃는 거 맞죠? 나에게만 차가운 거 맞죠? 알아요. 그대 마음을 내게 빠질까봐 두려운 거죠? 야이야이야이 날봐요~ 경원대에 가고 싶은 날 봐요. 오래 전부터 너무 다니고 싶었어요~."

서주경 씨의 '당돌한 여자'를 개사해서, 경원대에 입학하고 싶은 마음을 열창했다. 교수님들은 빵 터졌다. 노래를 마치고 진심을 담은 한 마디를 전했다.

"저는 꼭 소방관이 되고 싶은 1번 김가희입니다. 감사합니다."

문 밖으로 나오는 길에 2번 면접자를 마주쳤다. 다음 면접자는 땀을 비 오듯 흘리며 떨고 있었다. 그가 나에게 와서 잔뜩 긴장한 목소리로 물어봤다.

"저기요? 혹시 면접관님이 노래도 시키나요?"

이번엔 내가 빵 터졌다.

"아니요, 그냥 노래라도 불러야 할 것 같아서 불렀습니다."

집으로 돌아오는 길이 후련했다. 전공 질문에는 만족스럽게 대답하지 못했지만, 진심을 전달했다는 확신이 들었다. 떨어지면 어떡하지라는 걱정이 잠깐 들었지만, 그때 가서 생각하자고 마음을 내려놓았다.

마침내 담임 선생님으로부터 합격 통보를 받았다.

"김가희, 경원대 수시 합격 축하한다."

담임선생님이 말씀하셨다. 그날 같은 고등학교에 다니던 동생과 학교 후문 앞에서 부둥켜안고 엉엉 울었다. 나는 대학 면접을 통해서, 설령 문제에 대한 정답을 모를지라도 태도만 좋다면 기회를 잡을 수 있다는 이치를 깨달았다. 사람들은 정답을 모르면 낙담한다. 어려운 문제 앞에서 주눅이 든다. 머릿속이 백지처럼 하얘지고, 스마트하게 말하지 못하는 자신을 과하게 질책한다. 자신감이 껌딱지처럼 땅바닥에 붙는다. 그럴 필요가 전혀 없다.

정답을 모를 때가 오히려 여러분의 진심을 보여줄 때다. 나는 18:1이라는 경쟁률을 뚫고 합격했다. 교수님들은 왜 나를 합격시켜주셨을까? 객관적으로 모든 면에서 경쟁자들보다 앞서서일까? 전혀 그렇지 않다. 다만 나는 올바른 태도와 간절함의 힘을 알고 있었다.

나는 항상 기회를 얻기 위해 최선의 준비를 다했다. 그럼에도 불구하고 부족한 부분은 존재한다. 하지만 누구보다 간절하게 상대를 설득하면서 객관적인 열세를 극복했다. 진심은 반드시 통하기 마련이다.

교수님들은 내게서 무엇을 봤던 것일까? 기회를 얻기 위해 노래까지 준비하는 성의, 꿈을 쟁취하려는 소녀의 몸부림을 봤던 게 아닐까? 교수님들은 알았을 것이다. 인생에서 성적의 차이보다 훨씬 중요한 게 태도의 차이란 것을. 그날 이후로 사회에 나가서 면접에서 떨어지는 일이 한 번도 없었다.

우리는 객관적인 데이터나 정답은 강조하면서, 눈에 보이지 않는 진심을 간과한다. 그래서 결정적인 순간에 힘이 빠져서 기회를 놓쳐버린다. 만약 여러분이 좋은 기회를 번번이 놓치고 있다면, 마지막 순간에 노래라도 열창할 뜨거움이 있는지 확인해야 한다. 밑져야 본전 아니겠는가.

백화점에서
만난
사람들

02

하루라도 빨리 돈을 벌고 싶어서 대학교 수시 입학 소식을 듣자마자 아르바이트를 알아봤다.

'무엇을 해야 돈을 많이 벌 수 있을까?'

'어디로 가야 롯데리아보다 시급을 2배 이상 받을 수 있을까?'

구인구직 사이트를 열심히 찾아보다가 드디어 시급이 쎈 아르바이트를 발견할 수 있었다. 백화점 주차도우미였다.

시급이 높은 이유는 지하에서 거의 하루 종일 서 있어야 하기 때문이었다. 공고를 자세히 살펴보니 계속 서 있는 것만은 아니었다. 1시간 서 있으면, 쉬는 시간이 30분 주어졌다. 충분히 할 수 있다고 생각했다. 전화를 드리고 면접을 보러 갔다. 아디다스 면접 때 말 한 마디 못하고 떨어진 경험 덕분에, 나는 붙임성 있는 사람이 되었다. 그리고 학생회장 선거 때 수차례 연설한 경험을 살려서 면접관님을 보자마자 열심히 나를 PT했다.

"안녕하세요 면접관님! 저는 토평고등학교 학생회장 김가희라고 합니다. 대학교에 수시로 붙었습니다. 지금부터는 학교생활이 아닌, 일을 열심히 해보고 싶습니다. 학생회장 선거하면서 인사는 열심히 해봤기 때문에 백화점에 주차하시는 고객님들께 인사를 밝게 잘 할 수 있습니다."

면접관님은 웃으면서 똘망똘망하다고 칭찬해주셨다.
"가희 씨, 인사 한 번 해보세요."
나를 김가희 학생이 아니라 가희 씨라고 불러주다니. 누군가 이렇게 부르는 게 처음이라 '진짜 사회생활 시작인가' 하는 마음에 심쿵했다. 눈부터 입까지 활짝 웃는 표정을 지으며 우렁차게 인사했다.
"안녕하세요~, 고객님."
흡족해하신 면접관님이 말했다.
"내일부터 바로 출근하세요."
아싸! 소리가 절로 나왔다. 면접 다음날, 학교는 뒤로한 채 백화점으로 출근했다. 안내해주시는 매니저님 지시에 따라 백화점 유니폼으로 갈아입었다. 모든 게 새롭고 설렜다. 가희 학생이 아닌 가희 씨라는 호칭, 교복이 아닌 직장 유니폼, 학교가 아닌 일터까지.

'잘 해내겠어.'

'누구나 일을 잘한다고 나를 인정해줄 만큼 최선을 다하겠어.'

이렇게 마음을 강하게 다지며 한 걸음 한 걸음 걸어갔다. 열심히 인사를 하기 시작했다.

"안녕하세요. 고객님 지하 3층으로 안내 도와드리겠습니다."

양손을 활기차게 흔들며, 자동차 창문 너머로 고객님이 나의 목소리를 들을 수 있도록 크게 말했다. 나는 타고나기를 목소리가 컸고, 웃는 상이라 인사하는 일이 즐겁고 천직이라 생각했다. 이렇게 쉽고, 잘 할 수 있는 일이라니 행복감을 느꼈다. 동료 언니, 오빠들도 어쩜 인사를 그렇게 잘하냐며 칭찬해주셨다. 사람들한테 인정을 받으니 칭찬을 들은 고래처럼, 더 신나게 일했다.

주차 아르바이트를 통해서 한 가지 값진 교훈을 배웠다. 바로 '배려'였다. 주차도우미 아르바이트는 1시간 서 있으면 30분 쉴 수 있다. 나는 정시에 맞춰서 업무 교대를 했다. 그런데 선임 교대자 한 분이 교대 시간 10분 전에 도착했다. 의아해서 물어보았다.

"쉴 시간이 더 남았는데, 왜 벌써 나오셨어요?"

"가희 씨, 쉬는 시간이 30분이지만, 딱 맞춰서 쉬는 게 예의가 아니랍니다. 다음 근무자를 위해서 10분 일찍 교대하는 게 서로를 위한 배려이고 예의입니다. 알아두세요."

아르바이트를 통해서 서로를 위한 '배려'가 무엇인지 깨달았다. 실제로 선임 교대자가 10분 일찍 와주니 고맙게 느껴졌다. 나도 배운 대로 10분 일찍, 후임 교대자와 교대했다. 후임 교대자는 "가희 씨 정말 고맙습니다." 하고 답해주었다. 기분이 매우 좋았다. '배려'는 받을 때보다 할 때 두 배로 기쁘다.

사회생활을 하면서, 학교에서는 배우지 못한 것을 하나씩 채워가는 재미가 쏠쏠했다. 하지만 항상 행복한 건 아니었다. 한 번은 백화점 VIP 고객님 차량을 지하 2층에 주차해야 하는데, 지하 3층으로 안내하는 실수를 했다. 그러자 고객님은 차에서 내려 내 얼굴에 삿대질하면서 버럭 화를 냈다.

"왜, 일을 이 따위로 하세요?"

너무 놀랐다. 분노를 참지 못하는 고객님께 연신 죄송하다고 허리 굽혀 사과했다. 세상에는 좋은 어른만 있는 게 아니구나. 면전에 대놓고 면박을 주는 사람도 있구나. 나는 그분을 반면교사 삼아서 돈을 많이 벌어도 갑질하는 사람이 되지 않겠다고 다짐했다.

그 후로도 백화점에서 분노를 조절하지 못하는 고객들을 몇몇 보았다. 처음에는 너무 당황스러웠지만, 점차 그러려니하게 되었다. 그래도 첫 사회생활로 백화점에서 일한다는 것에 큰 자부심을 느꼈다. 백화점은 비싸다고 옷 한 벌 안 사던 곳인데, 그런 멋진 곳에서 일하다니.

하지만 머지않아 백화점 일을 그만두었다. 기대와 현실에서 오는 괴리감 때문이었다. 백화점에는 고객들이 접근할 수 없는 직원 휴게소가

있다. 그곳의 실상이 너무 충격이었다. 뿌연 담배 연기, 사람들이 삼삼
오오 모여서 고객의 험담을 늘어놓았다. 듣기 거북한 욕설과 수준 낮
은 언어가 빗발쳤다.

'고객님 험담을 하다니, 도대체 고객님을 뭘로 생각하는 걸까?'

뒤에서 욕하고 앞에서 웃는 직원들이 무섭게 느껴졌다. 게다가 염세
적인 대화만 가득했기에 정상적인 대화를 나눌 수 있는 사람이 극소
수였다.

"빨리 VIP 고객님 애인 만들어서 이 생활 청산하고 싶어."

"돈 많은 고객님 빨리 꼬셔야 하는데."

"저 포르쉐 고객님 네가 꼬셔봐."

저급한 말이 난무하는, 어울리고 싶지 않은 성향의 사람이 많았다.
게다가 주차 아르바이트 일을 하면서 명품을 과소비해서 빚쟁이가 된
사람, 겉치레만 화려하고 본인만의 철학과 가치관이 부재한 사람이 많
았다.

함께 하기 싫었고, 대화를 섞기도 꺼려졌다. 정신까지 피폐해지는
느낌이었다. 부정적인 마인드로 일하는 사람들과 한 공간에 있는 것도
힘들었다. 나의 첫 번째 사회생활인데 최선을 다하고 고객을 향해 진
심으로 일하고 싶었다. 결국 내가 원하는 곳이 아니라는 생각에 백화
점 아르바이트를 그만두었다. 그러면서 절실히 깨달은 게 있다.

'나와 함께하는 동료가 누구인지'가 너무 중요하다는 사실이었다.

저급한 말만 하는 동료가 있다면, 그리고 그들을 바꿀 수 없다면, 내

가 떠나든가 새로운 환경을 만들어야 한다. 주변 사람은 강력한 '환경'이고, 내 정신 건강에 지대한 영향을 끼치기 때문이다.

그 후로는 직장을 고를 때 '어떤 동료와 일하는가?'를 중요한 척도로 삼았다. 더 좋은 동료와 일하려면 나부터 멋진 사람이 되어야 한다. 백화점에서 만난 사람들 덕분에 나부터 더 좋은 동료가 되어야겠다는 다짐을 하게 되었다.

부모님 도장을 몰래 훔쳐서 자퇴하다

03

경원대(현 가천대학교) 수시 합격 후 입학 전부터 과 선배, 동기들과 MT를 갔다. 소위 인싸였다. 내가 선택한 전기소방공학부는 여자가 10%도 안 되는 공대였다. 내심 걱정도 했지만, 잘생긴 남학생들도 있으니 좋았다. 동기들과 입학 전부터 어떤 동아리에 들어갈지 이야기도 나누고 소소한 게임도 즐겼다. '이런 게 대학생활의 묘미구나' 싶었다.

기다리던 3월이 오고, 드디어 1학기가 시작됐다. 고등학교 때 나는 문과였다. 전기소방공학부라는 이과를 교차 지원했기 때문에 물리, 화학 등 과목을 배워야 했다. 하지만 기대와 달리 배울수록 괴리감을 느꼈다.

'20대가 되면, 실용적인 지식을 배울 수 있을 거라 생각했는데, 도대체 고등학교랑 다른 게 뭐지?'

대학생활은 술 마시고 담배 펴도 되는 것 빼고, 고등학교 때와 똑같았다. 사회인이 되기 위해 소양을 쌓고 싶었는데, 여전히 수학 문제나 풀어야 했다. 수업이 끝나고 집으로 가는 지하철 안에서 수많은 고민이 스쳤다. 스스로에게 끊임없이 질문을 던졌다.

'이게 맞아? 이렇게 사는 게 맞냐고.'

어느 날 물리 시간에 유리를 구부리는 실험을 했다. 내 안의 의문이 터질듯이 커지고, 분노는 절정으로 치달았다.

'도대체 이게 내 인생에 무슨 도움이 되냐고? 유리를 구부려서 언제 돈 벌 수 있는데?'

온몸에 힘이 들어가서 유리를 구부리다 못해 깨뜨려버렸다. 수업이 끝나고 집으로 가는 길에도 분노는 사그라들지 않았다. 대학교에서 배우려고 했던 건 '돈을 벌 수 있는 지식과 기술'이었다. 하지만 현실은 여전히 공부만을 위한 공부를 했다.

어린 시절 오랫동안 가난을 경험했다. 성인이 되면 최대한 빨리 가난의 고리를 끊어내고 싶었다. 어른이 되는 순간만을 오매불망 기다렸다. 어른이 되면 돈을 벌어서 가족을 행복하게 해줄 수 있어서였다. 고등학생 때는 짜장면 배달을 해서라도 돈을 벌고 싶었다. 하지만 학생이라서 안 되는 게 많았다. 혹은 학생이기 때문에 많이 벌 수 없었다. 내 앞을 가로막는 현실의 제약을 모조리 부셔버리고 싶었다.

현실과 이상의 괴리 사이에서 답답한 마음만 커져갔다. 장학금을 받고 들어갔음에도 때려치고 싶었다. 극단적인 생각이 올라올 때마다 엄마 얼굴이 떠올랐다. 나를 키우느라 고생한 엄마를 실망시키고 싶지 않은데….

'학교를 때려치면, 엄마가 나를 가만히 놔둘까? 학교를 그만두고 싶다고 하면 허락해주실까?'

내가 아는 엄마는 절대 허락해주지 않을 것 같았다. 마음이 복잡해지니 수업을 들을 때마다 멀미가 났다. 의자에 앉으면 헛구역질이 올라와 수업을 들을 수 없었다. 마치 온몸이 수업을 거부하는 것 같았다. 머릿속에는 당장 이 학교를 떠나야 한다는 생각과 고생한 엄마를 위해서라도 그만두면 안 된다는 생각이 매순간 충돌했다.

스트레스로 머리가 쪼개질 것 같았다. 학교가 끝나고 집으로 돌아가던 어느 날, 지하철역에 유독 사람이 넘쳐났다. 인파를 뚫고 지하철에서 가까스로 하차했다. 수많은 사람이 각자 목적지에 도착하기 위해서 내 어깨를 치고 길을 가로막았다.

그 순간 흐르는 눈물을 멈출 수 없었다. 바닥에 주저앉아 펑펑 울었다. 나아갈 수도 없고 피할 수도 없어서, 인파에 끌려다니는 막막한 상황이 내 인생 같았기 때문이다. 주변을 신경 쓸 겨를도 없이 눈물이 장맛비처럼 쏟아졌다. 당시에 나는 우울증이었다.

동서울터미널에서 홀로 한참을 울었더니 밤이 되었다. 가슴에 쌓인 눈물이 전부 흐르고, 역 안을 둘러보니 주변이 고요해졌다. 텅빈 강변역 의자에 앉아서 한참을 생각했다.

'고통스러운 마음으로 4년을 살아갈 것인가?' 아니면

'후회 없이 한번 뿐인 인생 내가 살고 싶은 대로 살 것인가?'

답은 명확했다. 잘 살고 싶은 마음이 내 안에서 꿈틀댔다. 엄마에게 죄송하지만, 내가 살고 싶은 길을 선택하기로 했다. 엄마와 동생이 깊이 잠든 그날 밤, 엄마 도장을 몰래 훔쳤다. 다음 날 학교에서 자퇴서를 받아 엄마 도장을 찍었다. 그렇게 나의 자퇴는 승인되었다.

자퇴한 다음날, 여느 때처럼 학교에 가지 않으면 엄마가 의심할 것 같았다. 매일 등교 시간이 되면 '학교 다녀오겠습니다' 인사만 하고 집 앞 PC방으로 출근했다. 직장을 찾기 위해서였다.

거짓말을 못하는 편이라 매일 심장이 콩닥거렸다. 마음이 편치 않았지만, 당장은 엄마에게 자퇴했다고 말씀드릴 수 없었다. 최소한 직장을 구하고 몇 달이라도 다닌 후에 말씀드리고 싶었다. PC방에서 일을 구하는 순간부터 살아있음을 느꼈다. 어제 지하철에서 우울했던 감정은 싹 날아갔다.

'돈을 많이 벌려면 무슨 일을 해야 할까?'

'나도 건강하고 남도 건강하게 만드는 부자되는 직업이 뭘까?'

그토록 하고 싶었던 생각을 마음껏 할 수 있었다.

그렇게 찾다가 눈에 들어온 직업이 '마사지사'였다.

'그래, 바로 이거야!'

타인을 건강하게 만들 수 있고, 손기술만 있으면 얼마든지 돈을 많이 벌 수 있는 직업. 이걸로 시작해보자! 돈 벌 수 있는 지식과 기술을 배우고 싶다는 열망으로 가득했다.

도농역 이마트 안에 있는 마사지숍에 취직했다. 오전 10시부터 밤 10시까지 하루 12시간씩 일하며 90만 원을 벌었다. 발, 다리, 등, 어깨, 머리, 귀, 신체 다양한 부위의 마사지 기술을 배웠다.

최저임금도 안 되는 매우 적은 돈이지만 기술을 배우는 값이라 생각하고 열심히 훈련했다. 백화점에서 일할 때는 고객님께 인사만 했다. 이곳에서는 고객님을 주기적으로 관리하면서 친분을 쌓을 수 있었다. 고객과 친해지면 재등록이 일어난다는 사실도 배웠다.

마사지숍에 적응한 지 3개월이 지났을 무렵 카운터를 보고 있었다. 가게 앞에는 이마트 여자 화장실이 있었다. 놀랍게도 거기서 엄마가 걸어나왔다. 화들짝 놀라서 황급히 카운터 아래로 머리를 숙였다. 다행히도 엄마는 나를 보지 못했다.

벌렁거리는 가슴을 간신히 부여잡았다. 더 이상 엄마를 속이면 안되겠다고 생각했다. 그날 밤 엄마에게 지금까지 있었던 일을 고백했다. 예상대로 엄마는 등짝 스매싱을 날렸고, 울다가 화내기를 반복했다. 엄마가 우는 모습이 속상했지만 크게 슬프지는 않았다. 내가 정말 가고 싶었던 후회 없는 길을 선택했기 때문이다.

'죄송해요 엄마! 이왕 이렇게 된 거 반드시 잘 살게요!'

대한민국 최고의
마사지 전문가가
될 거야

04

◆ ─────────

마사지숍에서 일을 한 건 올바른 선택이었다. 마사지로 사람들의 불편함을 해소하는 것에 보람을 느꼈다. 통증 있는 사람에게 마사지를 해서 아프지 않게 해줬다. 스트레스가 쌓여 무거운 몸을 깃털처럼 가볍게 만들었다. 찌뿌둥한 표정으로 들어온 고객은 마사지를 받고 개운한 표정으로 귀가했다. 완력이 필요한 일이라 힘들었지만 고객이 즉각적으로 효과를 느끼니 '이 선택이 맞다'고 생각했다.

당장 큰돈을 벌지는 못했지만, 내가 쓸모 있는 사람이라고 느껴졌다. 미래에는 더 많은 돈을 벌 수 있다는 희망을 가졌다. 하지만 처음부터 남의 발을 만진다는 게 쉽지 않았다. 마치 값싼 노동력을 제공하는 외국인 노동자처럼 느껴졌기 때문이다. 이런 생각은 점장님으로 인해 확 바뀌게 되었다. 마사지숍 최고 위치에 있는 점장님은 나의 발을 직접 마사지해주셨다. 간지러우면서도, 꾸욱꾸욱 들어오는 압력이 시원하게 느껴졌다.

마사지를 받을 때마다 내 발은 노래졌다가 빨개졌다. 마지막에 점장님이 뜨거운 수건으로 발을 감싸주는데 부드럽고 포근했다. 마사지를 받을 때도 기분이 좋았는데, 끝나고 땅에 발을 딛는 순간 발이 날아갈 것처럼 가벼웠다. 난생 처음 느끼는 기분이었다. 평소에 혈액순환이 잘 안 돼서 손발이 찼는데 마사지 후에 발이 따뜻해졌다.

내가 직접 받아보니, 왜 고객들이 비싼 돈을 주고 마사지를 받는지 확실히 알게 됐다.

'말로 표현이 안 되는 가볍고 시원한 느낌 때문이었구나!'

운동으로 얻었던 상쾌함과는 또 다른 느낌이었다. 몸과 마음이 깊이 이완되었다. 이 느낌을 돈으로 살 수 있다면 얼마든지 살 의향이 있었다.

'그래, 나는 대한민국 최고의 마사지 전문가가 되겠어!'

발마사지의 놀라운 효과를 체감한 후부터, 마사지는 더 이상 허드렛일이 아니었다. 타인에게 해줄 수 있는 아주 가치 있는 일이 되었다. 항상 내가 할 수 있는 최선을 다해서 고객의 발을 정성스럽게 마사지했다. 내가 느꼈던 시원함과 가벼운 기분을 꼭 고객도 느끼게 하고 싶었다. 마사지를 마치면 고객에게 좋은 느낌을 각인시켜드리고 싶어서 질문을 했다.

"고객님, 지금 기분이 어떠세요?"

이 말에 고객들은

"너무 시원해요."

"집에 안 가고 여기서 살고 싶어요."

"정말 감사해요."

그렇게 답한 고객들은 대부분 꾸준히 마사지를 받으러 재등록했다.

학교를 다닐 때와 달리 마사지 일은 매일 뿌듯했다. 칭찬은 고래도 춤추게 한다고, 고객들의 칭찬에 일에 대한 의욕이 샘솟았다. 나를 찾는 고객들이 점점 늘었고 바쁠 때는 하루 10명의 회원을 받기도 했다. 좋아하는 고객을 자주 만나는 건 즐거웠지만, 한 가지 문제가 생겼다. 손가락이 붓고 아팠다.

마사지는 손가락 관절을 많이 사용해서 저녁만 되면 손가락에 힘이 풀려서 파르르 떨렸다. 마사지를 너무 열심히 한 탓인지, 왼손 중지손가락 관절에 지문이 사라지고 있었다(지금도 지문이 사라진 상태다). 고객을 다음번에 또 뵙고 싶으면서도 두려웠다.

'오늘은 내 손가락이 마지막 손님까지 버텨줄까?'

'너무 아파서 도저히 못 하겠다'는 생각도 들었다.

하루는 고객이 엄청 많이 오셨다. 10명이나 받을 정도로 바쁜 주말이었다. 손가락이 부서져라 어깨와 발을 있는 힘껏 꾹꾹 눌렀다. 손가락이 부러질 것 같았지만 티를 낼 수 없었다. 끝까지 미소를 잃지 않고 최선을 다했다. 하필 그날 마지막 손님으로 거구의 남성 고객이 오셨다. 발 사이즈는 300이 넘었고, 종아리가 내 허리보다 두꺼웠다. 흡사 야구선수를 연상케 했다. 육중한 다리를 보자마자 '내가 잘 할 수 있을까?' 걱정이 앞섰다. 게다가 너무 많은 손님을 받은 터라 손가락에 힘이 거의 남지 않았다.

아니나 다를까 마사지를 끝내고 컴플레인이 들어왔다. 고객이 만족스럽지 못했기 때문이다. 고객의 다리를 만지는 내내 너무 속상했다. 다리가 엄청 크고 무거워서 작은 양손으로 낑낑대며 감싸 쥐었지만 쥐어지질 않았다. 힘을 주려고 할 때마다 손이 파르르 떨렸다.

'엄청 초짜네.' '정말 못 한다.'고 느끼셨을 것 같다. 마사지사에겐 고객을 시원하게 해드릴 때가 가장 보람되는데, 그걸 못했으니 컴플레인을 받아도 할 말이 없었다.

그 후 손가락이 너무 아파서 월차를 내고 병원에 갔다. 병원에서는 손가락 관절의 연골이 닳아서, 손쓰는 일을 당분간 쉬어야 한다고 했다. '마사지사가 어떻게 손을 쉴 수 있을까?' 마사지사는 수일 내로 그만둘 수밖에 없다는 것을 직감했다. 마사지사를 대체할 다른 방법, 직업을 찾아야만 했다. 그래서 마사지사라는 직업을 하면서 느낀 점을 몇 가지 적어보았다.

나는 고객을 만날 때 무척 행복하다. 살아 있음을 느낀다. 손가락을 과도하게 쓰지 않고, 나도 건강하고 타인도 건강하게 만드는 일이 또 뭐 없을까? 나만의 기술을 갖출 수 있는 직업이 뭐가 있지? 기술을 갖춰야 미래에 돈을 많이 벌 수 있다. 이 생각을 하는 순간, 내가 있는 곳이 생각났다. 나는 손가락 치료를 받는 '물리치료실'에 있었다.

'어? 물리치료사는 매번 고객(환자)들을 만나잖아? 그리고 물리치료사는 손가락도 아프지 않고 사람들을 건강하게 만들어주잖아? 또 치료 기술이 좋으면 돈도 많이 벌 수 있겠네? 바로 이거다!'

그렇게 나는 다음 직업으로 물리치료사를 정했다.

그때부터 인터넷을 검색하고, 병원에서 물리치료를 받을 때마다 물리치료사가 되려면 어떻게 해야 하는지 물어봤다.

"선생님, 저도 선생님처럼 멋진 물리치료사가 되고 싶습니다. 뭐부터 해야 하나요?"

물리치료사는 마사지사와 다르게 바로 할 수 있는 직업이 아니었다. 최소한 3년제 이상 물리치료과 학교를 반드시 졸업해야 했고, 사법고시처럼 국가고시를 봐야 했다. 그래야 물리치료사 면허증이 나오고 병원에 취직할 수 있었다.

다시는 쓸데없는 공부를 가르쳐주는 대학교에 가지 않으리라 다짐했는데, 물리치료사가 되기 위해서는 대학교로 돌아가야만 했다.

'또 쓸데없는 거 알려주면 어떡하지?' 걱정이 앞섰다.

다행히 나를 치료해주는 선생님이 3년제 물리치료과는 입학하자마자 물리치료 기술을 배운다고 알려주셨다. 안심이 되었다.

'그래 가자! 물리치료과'

그런데 이제는 장학생으로 들어가는 게 아니라서 비싼 학비를 자력으로 마련해야 했다. 손가락이 아파서 고통스러웠지만 마사지사로 1년간 더 일하면서 마지막 남은 힘까지 쥐어짰다. 1년 동안 30만 원씩 티끌 같은 돈을 모아 첫 입학금인 360만 원을 마련했다. 힘든 고비가 있었지만, 이 생각을 하면서 1년을 버텼다.

'내가 지금 엄청 힘들고 괴롭다면, 이 괴로움 뒤에 있을 미래를 상상하지 않은 것이다.'

손가락 치료를 받으며 마사지사 일을 병행하는 게 아프고 괴로웠지만, 훌륭한 물리치료사가 되어 유명해지고 돈을 많이 버는 사람이 되는 상상을 하며 버텼다.

'나는 반드시 훌륭한 물리치료사, 부자인 물리치료사가 될 것이다.'

힘들 때마다 이렇게 되뇌었다.

수석 1등으로
대학을
졸업하다

물리치료과 진학을 목표로 입학금 360만 원을 모으는 데 꼬박 1년이 걸렸다. 손가락이 부러져라 일해서 겨우 모은 거라 더 이상 이렇게는 학비를 마련할 수 없을 것 같았다.

'학자금을 활용하면 되지 않나요?'

돈을 구할 방법을 알려주는 사람도 있었다. 하지만 학자금으로 생기는 빚이 치가 떨리도록 싫었다. 가난한 집안에서 부모님이 평생 빚으로 생고생하신 걸 옆에서 보고 자랐기 때문이다. 빚이 어떻게 인간의 존엄성을 짓밟는지, 어떻게 한 집안을 풍비박산내는지 직접 경험했다. 내 인생은 이제 막 꽃 피우는데 무거운 빚을 짊어져야 한다니 생각만 해도 끔찍했다. 그래서 '빚지지 않고 학교를 다니는 방법이 없을까?' 자나깨나 고민했다.

엄마는 장학금을 주는 학교를 찾아보는 건 어떠냐고 조언하셨다. 내가 가천대에 다닐 때는 전액 장학금 제도가 없어서 다른 학교도 없는 줄만 알았다. 엄마의 조언을 듣고 목표로 하는 대학교 세 곳을 추려서 전화를 걸었다.

'전액 장학금 제도가 있나요?'

'전액 장학금을 받으려면 어떻게 해야 하나요?'

두 곳에서 전액 장학금이 있다는 피드백이 돌아왔다.

알고 보니 전액 장학금을 받으려면 무조건 과에서 1등을 해야 했다.

'과연 해낼 수 있을까?'

의구심이 피어올랐다. 하지만 나에게는 오로지 두 가지 길만 놓여 있었다.

매년 휴학해서 1년 동안 마사지사로 일해서 학비를 만드는 고생길, 매 학기 1등해서 전액 장학금으로 초고속 졸업하는 고속도로. 고민 끝에 공부에 올인하기로 결심했다. 그렇게 한림성심대학교 물리치료과에 입학했다.

솔직히 말해서 공부가 낯설었다. 불쑥 두려움이 올라왔다. 여러분은 두려움이 엄습하면 어떻게 하는가? 사람은 불안해지면 무언가를 잘하지 못하게 된다. 잘해야 한다는 중압감이 생기면 과도하게 긴장되어 일을 망치기도 한다.

두려움과 불안함이 몰려오면, 이를 잠재울 방법을 찾아야 한다. 다행히 나에게는 즉효약이 있었다. 합기도장에서 배운 운동이다. 가난으로 인한 지독한 괴로움, 가난에서 벗어날 수 없을 것 같은 두려움에 갇힌 나를 꺼내준 것도 운동이었다. 그런데 운동으로는 두려움이 절반만 없어졌다. 그래서 운동하면서 꼭 '나는 할 수 있다'는 자기 암시도 외쳤다.

대학교 때 기숙사에 살았다. 앞에는 강원고등학교가 있었다. 그곳에 놓인 달리기 트랙은 나에겐 심리안정센터였다. 매일 아침 6시에 기상했다. 눈을 뜨면 피곤한 눈을 비비고 재깍 일어나서 밖으로 뛰쳐나갔다. 인적이 드물어 주변은 고요했다.

내 목표는 다섯 바퀴 뛰기였다. 달리기 트랙에 서서 운동화를 질끈 묶고 시동을 걸듯이 천천히 한 바퀴를 돈다. '나는 할 수 있다'고 한 호흡 한 호흡 말하면서 뛴다. 서너 바퀴 때 전속력으로 트랙을 질주한다. '나는 할 수 있다'는 생각으로 힘듦을 버텨낸다. 마지막 다섯 바퀴 때에는 다시 천천히 달리며 나를 칭찬한다.

'거봐, 나는 할 수 있잖아.'

'해낼 수 있는 사람이잖아.'

'1등도 당연히 할 수 있어.'

이렇게 생각이 긍정적으로 전개되며 운동을 마친다. 매일 이어진 아침 달리기와 암시는 두려움을 없애주는 최고의 루틴이었다. 두려움이 사그라드니 오롯이 목표에만 집중할 수 있었다.

'1등 하려면 어떻게 해야 할까?'

어떻게 해야 목표를 달성할 수 있을지에 대한 생각이 머릿속을 가득 채웠다. 그때 내가 얻은 결론은 '하늘이 감동할 만큼 공부를 열심히 하는 것'이었다. 이 말은 서울대학교 출신 일타강사 이지영 선생님이 하신 말과 같다. 나도 남들만큼, 그보다 훨씬 더, 심지어 하늘이 감동할 만큼 노력하면 반드시 1등을 할 수 있다고 확신했다.

시험 전까지 배운 내용을 무조건 3번 반복하는 게 내가 세운 원칙이었다. 물리치료 학문은 외워야 할 지식이 한도 끝도 없다. 뼈의 이름, 근육, 신경, 혈관, 물의 원리, 전기의 원리, 힘의 원리 등 생소한 단어들이 쏟아졌다. 고난이도 암기 과목이었다.

공책 한 권을 사서 외워야 할 것들을 빼곡히 적었다. 동기들이랑 밥 먹을 때 빼고는 눈에서 레이저가 나올 정도로 뚫어져라 쳐다봤다. 아침 먹기 전에 보고, 자기 전에 보고, 손에서 공책이 떠나질 않았다. 공부가 지루해지면 재미 요소를 추가하기 위해 외워야 할 부분을 한쪽 손으로 가리며 혼자 퀴즈쇼를 진행했다.

하지만 아직 부족하다고 생각했다.

'공부만 잘해서는 안 되지, 시험을 잘 봐야 하잖아?'

'공부만 열심히 하고 시험을 못 보면 어떡해?'

'그럼 시험을 잘 보려면 어떻게 해야 하지?'

1등을 목표로 하니, 온갖 아이디어가 떠올랐다. 1등 전액 장학금을 받으려면 공부 열심히 하기 → 시험 잘 보기, 목표가 비슷비슷해 보이지만 뜯어보면 각기 다른 방법으로 접근해야 한다. 그렇게 일분일초 생각하던 어느 날, 시험을 잘 볼 수 있는 기발한 아이디어가 떠올랐다.

'교수님이 시험 문제를 바꿀까 안 바꿀까?'

'내가 교수라면 어떻게 할까?'

내가 내린 결론은 바꾸지 않는다였다. 시험 문제를 매년 바꾸는 것도 번거로운 일이기 때문에 쉽게 바꾸지 않을 것 같았다. 한달음에 선배들을 찾아갔다. 작년도 시험에 어떤 문제들이 출제되었는지 물어보고 유용한 조언을 얻을 수 있었다.

선배들은 친절하게 답을 알려주었다. 심지어 직설적으로 답변해 주는 선배도 있었다.

"기능해부학 마지막 중간고사 문제 있잖아, 문제는 기억 안 나는데 정답은 2번이다."

이번에 시험 문제가 바뀔지 안 바뀔지 장담할 수 없었지만, 1등을 하기 위해서 총력전을 펼쳤다.

대망의 첫 시험인 1학기 중간고사가 시작됐다. 시험 문제는 선배들이 일러준 대로 똑같은 것도 있었고, 다르게 출제된 내용도 있었다. 하지만 문제될 게 없었다. 이미 모든 노력을 기울여서 만반의 준비를 마쳤기 때문이다. 시험지를 받았을 때, 입가에는 회심의 미소가 절로 나왔다. 문제에 대한 답이 모두 내 안에 있었다.

시험 결과, 4.5점 만점에 4.5점을 받았다. 하늘이 감동할 만큼 노력을 했더니 꿈에 그리던 결과가 나왔다. 그날 이후 처음으로 공부라는 것에 자신감이 붙었다.

'나도 마음만 먹으면 할 수 있는 사람이구나.'

1등으로 장학금을 받게 되어, 다음 학기도 무료로 다닐 수 있었다. 매학기 공부에 혼신의 힘을 다 했더니, 입학금을 제외하고 3년 내내 전액 장학금으로 졸업할 수 있었다. 그리고 당당히 석차 1등으로 한 번의 휴학 없이 수석으로 졸업했다.

이 책을 읽고 있는 독자 분이 '1등을 하기 위해 가장 중요한 것'을 묻는다면 이렇게 답하고 싶다.

'나는 1등 할 수 있는 사람이라고, 매일 스스로에게 되뇌이세요. 그럼 안 될 것 같은 두려움이 사라지고, 1등이라는 목표만 마음에 남아 달성할 수 있는 모든 방법을 찾게 될 것입니다.'

내 인생을 바꾼 금두환 선생님

06

사람은 특별한 계기로 성격이 바뀌거나 인격 자체가 변한다. 나에게 찾아온 특별한 계기는 강연이었다. 여러분은 강연을 듣고 가슴이 뜨거워진 적이 있는가? 나는 정말 운 좋게도, 대학교 때 영혼을 뒤흔드는 강의를 들었다.

취업상담관 금두환 선생님의 강연이었다. 벌써 10년이 흘렀지만, 그때의 벅찬 감정은 지금도 고스란히 남아 있을 정도로 레전드 강연이었다. 내가 이토록 금두환 선생님의 강연을 극찬하면 간혹 이렇게 물어보는 분이 있다.

"그분 유명한 분인가요?"

금두환 선생님은 일자리 창출 유공 국무총리상을 수상한 진로 취업 전문가다. 매년 365일 중 강연을 300회 하고, 한 해만 7만여 명의 학생을 만난다.《꿈은 모르겠고 취업은 하고 싶어》책의 저자기도 하다.

나는 14년 전에 그분을 처음 만났다. 금두환 선생님은 당시에 유명하지 않았다. 대학에서 취업상담관 금두환 선생님의 강연을 의무적으로 듣게 했다. 여러분도 학교에서 준비한 강연을 억지로 들어본 적 있을 것이다. 학생들의 반응이 어떤가? 몸을 배배 꼬며 집에 갈 생각만 하거나 듣는 둥 마는 둥 하는 학생이 대부분이다. 나도 별다른 기대 없이 참석했다.

미적지근했던 반응은, 강연 시작하고 3분 만에 완전히 역전됐다. 자리에 앉은 모두가 피부로 느낄 수 있을 정도로 강연장의 공기 흐름이 바뀌었다. 매우 현실적인 이야기와 짙은 호소력으로, 3분 만에 학생들의 이목을 집중시켰다.

"잘 들어보세요. 여러분. 저는 흙수저 중의 흙수저인 사람입니다. 우리 부모님은 둘 다 장애인이고, 기초수급자였습니다. 저처럼 간절하게 인생이 바뀌기를 원하는 분들, 여기 계시다면 지금부터 제가 하는 이야기를 잘 들어보세요."

그 다음 메시지가 궁금해질 정도로 몰입되었다. 내 앞에서 당당한 태도로 강의하는 분이 흙수저 출신이라니 도무지 믿기지 않았다. 선생님은 나처럼 인생을 간절히 바꾸길 원하는 학생이라면, 듣지 않고는 배길 수 없는 이야기를 들려주셨다.

"저는 인생이 바뀐 사람입니다. 여러분도 포기하고 싶고 인생에서 힘들었던 경험이 있죠? 저는 부모님이 둘 다 장애인이어서 할머니 손에서 자랐습니다. 졸업하자마자 백수였고, 삶의 의미를 찾지 못한 채 낮에는 편의점 알바, 밤에는 PC방에서 살았습니다. 밤새 게임을 하던 어느 날 새벽, 삶의 전부인 할머니가 돌아가셨습니다."

그분은 비참했던 당시 상황을 진솔하게 풀어냈다. 나는 눈물이 그렁그렁 맺혔다. 금두환 선생님은 유일하게 의지했던 할머니가 돌아가셨을 때 모든 게 무너졌다고 했다. 그 말을 들으며 가천대를 자퇴하기 전 지하철에서 속절없이 무너져서 펑펑 울었던 기억이 떠올랐다.

"여러분처럼 저도 이런 비슷한 강의를 들은 적이 있습니다. 여러분은 이 강의를 의무적으로 들어야 하겠지만요. 저는 당시 동사무소에서 취업상담 프로그램을 받으면 돈을 준다는 말을 듣고 강의를 들었습니다."

왠지 내 마음을 읽힌 것처럼 뜨끔하면서도 공감이 됐다. 선생님은 내가 듣고 싶어지는 말을 계속 이어갔다.

"취업 상담하는 분께 제가 무슨 말을 들었는지 아세요? 그 한 마디가 제 인생을 흙수저에서 스펙 초월자로 만들었습니다."

"두환 씨, 두환 씨는 잘할 수 있잖아요. 실은 누구보다 열심히 살고 싶잖아요. 내가 도와줄게요. 같이 뛰어봅시다."

그 말은 내게 해주는 격려 같았다. 눈물이 폭포수처럼 흘러내렸다. 정말로 누군가에게 듣고 싶었던 말이었다. 나는 늘 스스로에게 힘을 불어넣었다.

'난… 정말 잘 할 수 있는데…. 내 인생 최선을 다해서 열심히 살고 싶다.'

강의가 어떻게 끝났는지 모를 정도로 평평 울었다. 누군가에게 간절히 받고 싶었던 따뜻한 칭찬과 위로였다. 강연은 마음속 깊이 각인되었다. 다음날 나는 선생님 사무실로 찾아갔다.

"선생님처럼 멋진 사람이 되고 싶어요. 제가 할 수 있을까요?"

매일 아침 '나는 할 수 있다'를 끝없이 외쳤지만, 그 격려의 말을 타인으로부터도 듣고 싶었다.

"그럼요, 가희 학생은 할 수 있습니다. 저보다 더 멋진 사람이 될 수 있습니다. 제가 도와주겠습니다."

기쁨의 눈물이 쏟아졌다. 슬픔으로 가득했던 인생에, 기뻐서 운 적은 그때가 처음이었다. 선생님만 곁에 계시다면 이 세상에 못할 게 없다는 확신이 들었다. 선생님께 상담 받는 날이면 질문을 쉴 새 없이 던졌다. 그분의 모든 면을 닮고 싶었고, 일거수일투족이 궁금했다.

"선생님은 어떻게 이 많은 책을 다 읽으세요?"

책상에는 언제나 새로운 책들이 동산을 이루고 있었다.

"가희야, 너는 나보다 더 많은 책을 읽게 될 거란다."

한 번은 선생님 신발을 보고 물었다.

"저도 언젠가 선생님처럼 멋진 신발을 살 수 있을까요?"

"가희야, 너는 세상에서 최고로 비싼 신발을 신게 될 거란다."

어느 날 선생님이 자가용을 타고 출근하는 길에 만났다.

"저도 선생님처럼 이런 좋은 차를 탈 수 있을까요?"

"가희야, 너는 선생님보다 훨씬 더 좋은 차를 타게 될 거란다."

선생님의 무한한 응원 덕분에, 이 책을 쓰고 있는 지금 선생님의 모든 예언은 이뤄졌다. 나에게 가질 수 있다고 했던 모든 것들을 현실에서 갖게 되었다. 선생님은 '다 잘 될 거야'라며 모호하게 말씀해주신 게 아니라, 내가 구체적으로 어떤 사람이 될지, 무엇을 가지게 될 것인지를 말씀해주셨다.

마지막으로 선생님의 저서 《꿈은 모르겠고 취업은 하고 싶어》에 나온 내용을 공유하려고 한다. 여러분도 금두환 선생님, 나의 스승님이 얼마나 좋은 분인지 이해할 수 있을 것이다.

"강연을 시작하고 현실적인 이야기들을 하기 시작하면 어느새 학생들은 한마음으로 강연에 집중하기 시작한다. 나는 힘껏 숨을 고르며 준비한 강연에 더 매진한다. 내가 이렇게 최선을 다할 수밖에 없는 이유, 매 강연 순간 책임감을 느끼며 임할 수밖에 없는 이유는 하나다. '내가 하는 강연, 내가 하는 컨설팅으로 그들의 인생이 달라질 수도 있다'는 믿음 때문이다. 그리고 사실은 나 역시 그렇게 인생이 달라진 사람이기 때문이다."

07

김연아 선수가 받은
대통령 인재상을
지방대생 최초로 받다

불과 몇 년 전만 해도 나는 성적이 별로인 사람, 가난한 환경에 찌들어서 의지가 박약한 사람이었다. 그랬던 내가 대학 동기 61명 중 1등을 하고 장학금만 3,000만 원을 탔다. 가난에서 벗어나겠다는 간절한 의지로, 아무 연고도 없는 강원도로 온 게 엊그제 같았다. 그동안 최대한 노력해서 다양한 성과를 달성했다. 앞으로도 이렇게 살면 더 훌륭한 사람이 되겠다는 확신이 들었다.

어느 날 대학교 홈페이지에서 '대한민국 인재상 공고문'을 보게 되었다. 매년 대한민국에 발전 가능성이 높은 인재 100명을 선정해서 주는 특별한 상. 단번에 나의 관심을 끌었다. 고등학생 60명과 대학생 40

명을 뽑는데, 내가 그 40명에 들기를 바랐다. 그동안 성적도 잘 받았고, 봉사활동도 1년 넘게 꾸준히 했다. 봉사활동도 누가 시켜서 한 게 아니라 내가 어렵게 살았기에 남들을 도우며 살아야 한다는 마음으로 자발적으로 했다.

"힘든 상황에서도 어려운 사람을 돕고 성과를 내고 있는데, 내가 진짜 대한민국 인재가 아닌가?"

이름 모를 자신감이 솟구쳤다. 한달음에 모집 공고를 올린 조교님을 찾아가 물었다.

"이 상은 어떻게 탈 수 있나요?"

"매년 공고를 올리기는 하지만 아직까지 우리 같은 전문대생이 이 상을 탄 적은 없어. 가희 네가 성적이 좋은 건 알지만 4년제 학생도 타기 힘든 상이란다."

나는 좌절하기보다 도전하고 싶은 마음이 끓어올랐다.

'왜 난 안 될 거라 생각하는데?'

마음속에 '할 수 있다'는 생각이 용수철처럼 튀어 올랐다. 내가 어려운 환경을 어떻게 극복하고 살아왔는지, 앞으로 어떻게 멋지게 살아갈 건지 세상에 보여주자. 그렇게 나는 반드시 대한민국 인재상을 받기로 결심했다. 그리고 당시 취업상담관으로 재직 중이신, 나의 인생 스승님 금두환 선생님을 찾아갔다.

"선생님, 저 대한민국 인재상에 지원하고 싶습니다."

선생님은 이렇게 말씀하셨다.

"잘 생각했다. 가희라면 할 수 있다. 선생님이 도와줄테니 해보자."

선생님의 격려가 나에겐 큰 힘이 되었다. 부족했던 1% 확신이 가득 채워지는 느낌이었다.

대한민국 인재상을 받기 위해서는 글쓰기와 말하기 능력이 중요했다. 당시 나는 자신감은 넘쳤지만 논리 정연하게 말하지는 못했다. 대중 앞에서 말하려면, 긴장돼서 다리부터 목소리까지 모두 떨렸다. 금두환 선생님은 말하기 훈련을 시키기 위해서 면접 영상을 틀어주셨다. 영상에 나오는 상담관은 나에게 이런 질문을 했다.

"자기소개 해보세요."

"당신은 장점이 무엇인지 경험을 바탕으로 말해보세요."

실제 면접 현장도 아닌데, 이런 질문을 받으니 말문이 막혔다. 자괴감을 느꼈다. 보다 못한 선생님은 "말을 잘 하려면, 글쓰기 연습이 먼저 필요하겠구나" 하셨다. 선생님은 매일 아침 학교 도서관에 가서 신문 사설을 필사하라는 미션을 주셨다. 나 잘되라고 가르쳐주시는 금두환 스승님의 말씀을 한 번도 어겨본 적이 없다. 비가 오나 눈이 오나 중간고사, 기말시험이 있을지라도 글쓰기 숙제를 완수했다. 열심히 노력하니 말하기 실력도 점차 좋아졌다. 자기소개도 여러 번 했더니 전보다 훨씬 나아졌다. 어느 날 선생님 책상에 올려진 10권의 책을 봤다.

"선생님, 이렇게 바쁘신데 언제 이 책을 다 읽으세요?"

"가희도 선생님처럼 많은 책을 읽을 수 있을 거야. 지금 속도가 안 나더라도 꾸준히 하면 읽을 수 있어."

선생님처럼 멋진 사람이 되고 싶었다. 선생님이 하는 거라면 전부 물어보고 따라 했다. 그때 자기계발 서적을 미친 듯이 읽었다. 저자들은 금두환 선생님과 똑같은 이야기를 했다. 자신을 믿어라. 포기하지 말고 계속해라. 너는 할 수 있다. 책은 나에게 큰 힘이 됐다. 이렇게 내실을 탄탄히 다지고, 대한민국 인재상 수상자 서류를 작성했다. 서류에 지원 동기와 자기소개를 써야 했다. 첫 문장부터 나의 인생을 한 줄로 압축할 필요가 있었다. 나는 이렇게 적었다.

'열정이란 무기 하나로 4가지 핸디캡을 스펙으로 만들었죠.'

이 한 문장이 당시 내 인생을 대변했다. 기초생활수급자, 편부모가정, 갑상선기능항진증, 지방전문대학생. 누군가에게는 핸디캡으로 볼 수 있는 4가지 스토리를 나는 오히려 스펙이라고 당당히 소개했다. 기초생활수급자로 어렵게 살았기에 돈의 소중함을 일찍부터 알았고, 어려운 사람을 만나면 꼭 돕는다. 지금도 사업하면서 아무리 바빠도, 곤경에 처한 약자들을 그냥 두고 지나치지 않는다. 사람을 저버리지 않는 것이 나의 인생 철칙이 되었다.

편부모 가정에서 자랐기 때문에 가족과 공동체가 얼마나 소중한지 알고 있다. 나 혼자만 잘되기를 바라는 게 아니라, 공동체가 성장하도록 최선을 다하는 이유도 이런 경험 때문이다. 나는 타인과 공동체를 이루고, 공동의 성과를 내면서 함께 하는 즐거움을 만끽할 수 있었다. 또한 고등학생 시절 이른 나이에 갑상선기능항진증에 걸려서, 일찍부터 건강의 소중함을 깨달았다. 그래서 '나도 건강하고 남도 건강하게 만드는 부자가 되어야겠다'고 결심했다. 지방대전문대학생에게는 '공부 못해서 지방대 간 거 아니냐.'라는 프레임이 있지만, 그것은 배경일 뿐 나의 열정이 오히려 많은 사람에게 귀감이 될 거라 생각했다.

어떤 어려운 환경에 처해도 그 문제를 해결해왔다. 나는 인생 초반에 가장 힘든 순간들을 다 겪은 것 같다. 열심히 살수록 인생은 쉬워졌다. 그때에 비하면 지금 힘든 것은 누워서 떡 먹기다. 아무리 힘든 순간에도 내가 할 수 있는 게 있으니까. 그렇게 인생 스토리를 솔직 담백하게 풀어냈다. 그 결과 대한민국 인재상 수상자 서류 전형에서 합격을 받았다.

그리고 대망의 면접 날, 다른 학생들과 함께 심사위원들 앞에서 면접을 봤다. 수없이 연습한 자기소개를 했다. 심사위원들은 마지막으로 하고 싶은 말을 해보라고 하셨다. 나는 5년간 작성한 다이어리 5개를 가방에서 하나씩 꺼냈다. 그리고 말했다.

"이 다이어리는 고등학생 때부터 훌륭한 사람이 되겠다는 꿈을 가지고, 열심히 계획하고 써내려간 제 삶의 증명입니다."

"지금껏 살면서 죽고 싶을 만큼 창피하고 어려운 순간이 있었습니다. 그러나 언젠가 나도 많은 사람에게 도움이 되는 훌륭한 사람이 될 수 있을 거라고 굳세게 믿고 살았습니다. 마음이 약해서 종종 울기도 했지만, 꿈에 대한 집념은 그 누구보다 강합니다. 그래서 포기하지 않고 열심히 살아가고 있습니다. 면접을 보는 이 순간, 왠지 모르게 가

숨이 벅차고, 눈물이 날 것 같지만, 한편으로는 매우 기쁩니다. 그토록 바라던 꿈에 한 발짝 더 가까이 온 것 같아서요. 저는 반드시 꿈을 이룰 겁니다. 비록 대한민국 인재상을 받지 못한다 해도, 꿈을 절대 포기하지 않고 계속 정진할 것입니다."

심사위원들은 내 얘기를 듣고 다이어리를 봐도 되냐고 물으셨고, 5권의 다이어리를 돌려가면서 찬찬히 들여다 보셨다. 나의 노력과 애씀을 인정하는 표정이 심사위원들의 얼굴에 드러났다. 그렇게 면접은 끝났다.

수개월이 흘렀고 병원에서 물리치료 실습을 하고 있었다. 그날은 대한민국 인재상 발표날이었다. 확인하려고 핸드폰을 켰다. 손이 벌벌 떨렸다. 너무 긴장해서 수상자 명단을 제대로 확인하지 못했다. 그때 갑자기 학교, 교수님, 금두환 스승님 여기저기 동시다발적으로 연락이 오기 시작했다.

축하 메시지였다. 합격을 축하한다고, 네가 자랑스럽다는 메시지였다. 다시 수상자 명단을 천천히 확인했다. 내 이름 석 자가 이제서야 보였다. 수상자 '김. 가. 희.' 그동안 마음 졸임이 한 순간에 해소되듯 눈물이 터져 나왔다.

'내가 해냈구나…. 나는 정말 최선을 다하면, 할 수 있는 사람이구나. 그래! 앞으로도 이렇게 살자.'

내가 졸업한 고등학교, 대학교 여기저기에 플랜카드가 걸렸다. KBS

방송국, 기자들이 찾아와서 인터뷰를 했다. 대학생 신분으로 열정 동기부여 연사로 초청받아 강의를 하게 되었다. 대한민국 인재상 수상자가 되어서 나는 그렇게 새로운 삶을 살게 됐다.

21살 나에게는 열정이란 무기가 있었다. 그렇기에 기초생활수급자, 편부모가정, 갑상선기능항진증, 지방전문대학생이란 '남들 눈의 핸디캡'은 반짝반짝 스펙으로 내 인생을 환하게 비춰주었다.

황금 인맥은
부지런한 두 발에서
만들어진다

08

✦ ───────────

등록금을 제외하고, 장학금만 3,000만 원을 받았다. 〈대학내일〉 신문에 내 스토리가 기사화된 적도 있다. 많은 사람이 나에게 이렇게 물었다.

'어떻게 그렇게 많은 장학금을 받을 수 있었어요?'

답은 의외로 간단하다. 장학금을 받을 수 있는 모든 방법을 적극적으로 찾아다녔다. 절대 앉아서 기다리지 않았다. 원하는 것을 얻기 위해서 적극적으로 움직였다.

노트북이 필요하면 노트북을 받을 수 있는 대학생 서포터즈 활동을 했다. 대학생 활동비를 지원해주는 프로그램에 참여해서 경험을 쌓았다. 원하는 것을 쟁취할 수 있었던 건 금두환 선생님의 가르침 덕분이었다. 선생님은 나에게 원하는 것을 얻는 법을 알려주셨다.

그분은 나에게 도움을 줄 수 있거나 무언가를 가르쳐줄 수 있는 사람이 있다면 '일단 가서 만나라'고 일러주셨다. 그리고 내가 어떤 생각을 가졌고, 무슨 꿈이 있는지 설명만 해도, 인생이 달라질 수 있다고 했다.

한국장학재단 앰배서더 활동을 했다. 지역별로 팀이 나누어져 있었다. 나는 강원도에 있는 대학교에 다녀서 강원팀에 속했다. 거기서 다양한 친구들을 만날 수 있었다. 그들은 나이도 학년도 다 달랐다. 우물 안 개구리처럼 지냈던 나의 시야가 엄청 넓어졌다. 나에게 물리치료에 관한 지식이 있다면, 친구들에게는 경영학, 언론학, 철학, 경제학, 광고학 등 다양한 전공이 있었다. 함께 힘을 합쳐서 한국장학재단을 효과적으로 알리는 게 목표였다.

12명으로 팀을 시작했는데, 끝까지 남은 팀원은 4명이었다. 그럼에도 불구하고 강원팀은 전국에서 상반기 1등, 하반기 2등이란 호성적을 거뒀다. 나는 이곳에서 사람들과 지내면서 협력하는 법을 배웠다. 이곳에서 '공다솜'이라는 친구를 만났다. 마케팅 능력자인 이 친구와는 지금도 연락하며 지낸다. 그 친구는 내가 클레어 피트니스를 운영할 때 마케팅 자문을 해줬다. 학생 때도 그렇고 사회인이 되어서도 실력과 책임감이 뛰어나다. 지금은 모 대기업에서 실력 있는 마케터로 유명하다.

그 다음으로 내가 찾아간 곳은 '강연기획그룹 드림포레스트'였다.

직접 강연을 기획하고 진행하는 신익태 소장님이 리딩하는 전국구 동아리였다. '강의할 수 있어야 진짜 스펙이다'라는 드림포레스트의 슬로건에 흠뻑 매료되었다.

서울에서 활동해야 됐지만 거리는 문제가 되지 않았다. 오직 멋진 사람들을 만나고 싶었다. 청년장사꾼이었던 김윤규 선배님, 파워포인트 강의하는 책쟁이 김종오 선배님과 이지쌤, 광고쟁이에서 부동산 유튜버가 된 당부쌤 도형 오빠까지. 영광스럽게도 지금 각자의 분야에서 이름을 날리고 있는 분들을 대학생 때 알게 되었다. 그분들을 통해 많은 영감을 얻을 수 있었다. 나는 강원도에 있는 전문대생이었지만, 드림포레스트를 통해서 이화여대로 멘토링을 나가기도 했다. 전국 여러 대학교 강단에서 강의도 했다. 우리 모임의 기장은 현대 자동차 공모전에 1등을 해서 승용차를 받은 현지 언니였다.

나는 드림포레스트를 통해서 강연을 여러 번 했다. 미숙해서 실수를 한 적도 있다. 한 번은 대학교에서 강의하다가 너무 긴장해서 머리가 하얘졌다. 긴 정적 끝에 정신이 돌아왔다. 쓰디쓴 실수를 하고 혹독한 평가를 들으며 정신적으로 많이 성숙했다.

드림포레스트에서는 크리틱이란 특별한 문화가 있었다. 각자 진행한 프로젝트에 대해서 건설적인 피드백을 나눴다. "누구님의 강의는 오늘 너무 길었어요. 핵심 키워드를 더 강조하면 메시지 전달이 잘 될 것 같습니다." 등 돌아가면서 강의하고 피드백을 주고받았다.

이 시간은 매우 도움이 되었다. 처음에는 강연 실력이 부족했지만,

피드백을 자양분 삼아서 강의력을 계속 발전시켰다. 그당시 드림포레스트 멤버였고 지금은 유튜버 '당부쌤'으로 활동하고 있는 도형 오빠는 대학생 때도 강의를 무척 잘했다. 도형 오빠의 강의를 듣자마자, 이 오빠는 반드시 부자가 될 거라는 직감이 있었다. 10년 이상이 지나고, 오빠의 초대로 송도에 있는 집에 방문했다. 진귀한 예술 작품을 소장할 정도로 진짜 부자가 되어 있었다.

일 년에 한두 번 MT를 갔다. 술을 별로 좋아하지 않지만, 멋진 사람들과 얘기 나누며 먹는 술은 유독 달콤했다. 같이 춤을 추고 노래도 부르며 행복한 대학생 시절을 보냈다. 뛰어난 사람들을 만나면서 자신감이 많이 생겼다. 강연 실력도, 인간관계 스킬도 부쩍 성장했다. 그 후로 또래 대학생을 만나는 것이 전혀 어렵지 않았다.

다음으로 나는 다이어트 회사에 제안하기를 도전 과제로 삼았다. 대학생 때 물리치료를 공부하며, 특히 운동 치료를 열심히 연구했다. 덕분에 체형교정 다이어트 상담을 할 수 있었고, 필라테스 강사로도 활동했다. 나는 대학생을 위한 다이어트 캠프를 진행하고 싶었다. 다이어트 캠프 사장님이 원하는 것이 무엇일까 고민하며 제안서를 만들었다. 결국 마케팅 홍보일 것이라는 생각이 들었다. 그래서 대학생 20명을 다이어트 캠프에 무료로 2박 3일 체험하게 해주면, 대학생들이 블로그 포스팅을 3개 작성하는 형태를 생각해냈다.

제일 고급스러워 보이는 다이어트 캠프 회사 '클럽○○○'를 찾아가 PPT를 보여드렸다. 다행히 내 제안은 단 번에 수락되었다. 클럽○○○

사장님은 감사하게도 나를 좋게 봐주셔서 다이어트 캠프 후에 입사 제안을 해주셨다. 또한 해외 대학교를 가기 위한 꿈을 이루기 위해 모금을 받으려고 도지사님을 만나서 투자해달라고 요청한 적도 있다.

원하는 게 있다면 '가서 만나라'는 스승님의 가르침을 강력하게 실행했다. 그렇게 해서 나에게도 어마어마한 황금 인맥이 생겼다.

대학생 때 훌륭한 사람들을 만나서 배우고 성장했다. 공부보다 10배 이상 재미있었다. 여러분도 성장하고 싶다면, 황금 인맥을 만들고 싶다면, 절대로 가만히 있지 말아야 한다. 황금 인맥은 내가 만드는 것이지 만들어지는 게 아니다.

만나고 싶은 사람이 있다면 '가서 만나라.'

내가 지금도 인맥을 만들기 위해 쓰는 방법이다.

여러분도 꼭 실천하길 바란다.

3장

운명처럼 여성 생리주기 트레이닝을 만나다

01

물리치료사 급여가
정말로
200만 원인가요?

✦

졸업을 앞두고 빨리 돈 벌고 싶은 마음이 굴뚝같았다. 3년 동안 입학금을 제외하고 전액장학금으로 학교를 다녔다. 졸업 석차는 1등인 수석이었다. 그러다보니 사회로 나가면 어느 정도 받고 싶다는 급여 기대수준이 있었다. 월급 300만 원, 연봉 4000만 원 이상이었다. 마사지사로 받은 급여보다 3배 이상 높았다. 그동안 고생에 대한 보답을 받고 싶었다. 게다가 3년 동안 물리치료 공부를 하면서 돈을 벌지 못했으니, 지금이라도 3배속으로 벌어야 한다는 조바심도 있었다.

여기에 대통령상인 대한민국 인재상, 필라테스 자격증, 생활체육지도사 자격증까지 갖췄으니, 내가 사장이라도 뽑고 싶은 이력서가 갖춰졌다고 확신했다. 현장에서 물리치료사로 일하는 선배 선생님들에게 조언을 구했다.

"선배님, 저는 졸업하면 얼마나 벌 수 있을까요?"

"가희는 공부도 잘했으니까 200 초반은 받겠다!"

처음에는 귀를 의심했다. 300이 목표인데 200이라니, 계획한 목표에 미치지 못했다. 물리치료사가 초봉으로 300만 원을 벌 수 없다는 말에 머릿속에는 '왜 안 되는데? 난 할 수 있어'라는 의지가 발동되었다. 내가 볼 때 300만 원은 병원에 추가적인 이익만 만들어주면 충분히 달성 가능한 수치였다. 그래서 소규모 의원에 매출을 늘릴 수 있는 방안을 정식으로 제안했다.

1 치료를 잘해준다.

2 환자에게 필라테스와 웨이트를 알려줄 수 있다.

3 대외활동 경험을 살려 병원 마케팅, 홍보를 할 수 있다.

4 환자들에게 강의를 하고 강의료를 벌 수 있다.

내 제안을 받아들이면 해당 병원이 어떻게 차별화되고, 지역에서 1등을 할 수 있을지 구체적으로 제시했다. 다이어트 캠프 회사에 제안해서 성공한 경험이 있어서, 이번에도 자신감이 넘쳤다.

하지만 어느 곳에서도 연락이 오지 않았다. 사장이라면 뽑고 싶은 이력서와 제안서라고 철석같이 믿었는데, 어쩌면 병원에서는 다른 건

불필요하고, 오직 치료만 잘하는 물리치료사가 필요했을 수도 있다. 게다가 희망 연봉란에 받고 싶은 연봉보다 낮춰서 적으라고 선배님들이 팁을 주셨는데, 나는 300만 원을 고수했다. 이것도 영향이 있었을 것이다.

사실 300만 원을 벌 수 없다면 병원에서 일할 이유가 없었다. 취업에 대한 불안으로 미래가 걱정되기 시작했다. 대체 어디로 가야 하나? 한동안 답을 내리지 못했다. 고민하던 차에 동기가 트레이너는 돈을 많이 버니까 피트니스에 취업하는 것을 추천해주었다.

'어디 피트니스에 가야 돈을 많이 벌 수 있을까?'

돈을 많이 벌려면 제일 수요가 많은 곳, 제일 유명한 곳에 가야 한다고 막연하게 생각했다. 찾아낸 곳이 당시 압구정에서 제일 큰 피트니스 '스〇〇〇'였다. 내가 트레이너 경력이 없다보니 우리나라에서 제일 큰 피트니스에서 날 받아줄 것인가? 물음표였다. 그래서 거부할 수 없는 제안을 하기로 결심했다. 자기소개서에 이런 내용을 담았다.

1 대한민국에서 유일무이한 물리치료사 출신 트레이너
2 재활 트레이닝에 자신 있다.
3 블로그 마케팅으로 회사 홍보에 기여할 수 있다.

다행히 스〇〇〇에서 면접을 보자고 연락이 왔다. 트레이너 경력이 전무한 나에게 기회를 주신 것에 정말 감사했다. 면접에 만전을 기해

서 내 모든 역량과 가능성을 보여드리겠다고 다짐했다.

처음에는 면접에 어떤 복장을 입을지도 헷갈렸다. 왜냐하면 인터넷에 검색해보니 트레이너는 운동복을 입고 면접을 보기도 한다는 것이다. 모든 경우의 수에 대응하기 위해 정장을 입고 가되 운동복까지 챙겨갔다. 그리고 면접관들이 할 만한 질문과 그에 대한 답변을 착실하게 준비했다.

'물리치료과를 나왔는데, 왜 트레이너를 하려고 하나?'

'당장 수업을 진행할 수 있나?'

'어떻게 매출을 낼 것이냐?'

거울을 보면서 내가 어떤 타이밍에 면접관을 봐야 하고, 웃으며 말할지 철저히 예행 연습을 했다. 면접 날, 강의할 때 입는 정장을 깔끔하게 차려입고 스○○○ 헬스장으로 향했다.

면접장에는 키가 큰 남성 두 분이 나를 기다리고 있었다. 막상 면접이 시작되니 별로 떨리지 않았다. 유창하게 대답하는 모습을 셀 수 없이 상상했기 때문이다.

"저는 물리치료과를 나왔지만 운동 치료를 가장 좋아합니다. 이곳에는 높은 연령대 고객님이 많은데, 제가 가진 재활트레이닝 능력이 도움될 것입니다. 그리고 물리치료사 면허를 보유한 트레이너를 본 적이 없습니다. 제가 국내 최초로 물리치료사 출신 트레이너가 되고 싶습니다."

면접은 순조롭게 진행됐다. 하지만 문득 이 순간이 내 인생을 결정지을 수 있다는 생각이 들 때면, 갑자기 심박수가 높아졌다. 긴장이 엄습해올 때마다 역으로 질문을 드리며 쉬어갔다. 다행히 헬스장 면접이라서 신나는 음악이 쾅쾅 나왔다. 긴장이 빠르게 사그라들었다. 보수적이고 정적인 병원의 분위기와는 사뭇 달랐다. 나는 이런 질문들을 했다.

"제가 어떻게 일하면, 회사에 도움이 될 수 있을까요?"

"회사는 제가 언제부터 일하기를 바라시나요?"

정말 간절히 취업을 하고 싶었다. 면접관님들은 마지막으로 발언할 기회를 주셨다. 마지막 순간까지 깊은 인상을 남겨야 한다는 것을 알고 있었다. '그분들이 가장 듣고 싶은 말은 무엇일까?' 그 고민에 대한 답을 차분히 말씀드렸다.

"저는 반드시 매출 1등을 하겠습니다. 고등학교 때는 공부를 그다지 잘하지 않았습니다. 하지만 대학에서 수석을 했습니다. 1등을 하려면 경력보다 강한 정신력과 열정이 있어야 합니다. 열정을 다해 매출 1등이라는 결과로 증명해보이겠습니다."

면접이 끝나고 나니 내가 사장이라면, 나를 뽑을 수밖에 없겠다는 직감이 들었다. 며칠 뒤에 전화가 왔다.

"김가희 선생님, 우리 회사에 출근해주세요. 잘 부탁드립니다."

드디어 취업에 성공했다. 나는 고등학교 이후로 면접에 실패해본 적이 없다. 회사가 나를 뽑을 수밖에 없는, 거부할 수 없는 제안을 했기 때문이다.

'내가 봐도 나를 당연히 뽑겠다.'

그 정도로 치열하게 준비한다면, 뭐든지 이뤄낼 수 있다. 여러분도 면접을 봐야 하거나 제안을 해야 한다면, 상대가 거부할 수 없는 포인트를 꼭 찾아내기를 바란다.

대한민국 최고급
피트니스
센터로 가자

02

✦ ───────

스〇〇〇 피트니스. 그곳은 압구정에서 제일 비싼 현대아파트 근처에 위치해 있었다. 내부에는 사우나 시설부터 최신식 외국 머신이 즐비했다. 그래서인지 연예인부터 국내 유명 회장님들이 많이 다녔다.

당시 남양주에 살고 있던 나는, 지하철 중앙선을 타고 출퇴근했다. 보통 직장인은 오전 7~8시 가장 붐비는 시간대에 출근하지만, 나는 트레이너라서 오후 1시에 출근했다. 늦게 일어나고 싶은 날엔 충분히 자고 일할 수 있는 직업, 사람을 만나서 에너지를 나눌 수 있고, 돈도 많이 벌 수 있는 직업, 트레이너라는 직업이 나에겐 천직이었다. 학교에서는 죽을 만큼 공부해서 장학금으로 겨우 학비만 면하는 정도였는데, 직장은 오늘 고생하면 다음 달에 돈이 들어왔다. 일이 힘들어도 기쁠 수밖에 없었다.

초보 트레이너이다 보니 운동을 처음 하는 회원 위주로 무료 체험 수업(OT) 배정을 받았다. 회원을 배정받으면 성심성의껏 운동 프로그램을 준비했다. 수업을 마치고 '회원님, 저한테 PT 받으세요.'라는 세일즈를 해야 하는 순간이 오면, 등골까지 서늘했다. PT 등록을 해서 운동을 잘 가르쳐드리고 싶은 마음은 간절한데 내가 봐도 말을 잘 못했다.

적절한 단어 선택이 어려웠고, 조사 연결도 매끄럽지 않았다. 말을 잘하는 연습이 시급했다. 퇴근 후 집에 가면 엄마와 동생을 붙잡고, 회원 역할을 부탁했다. 엄마와 동생이 회원 역할을 해주면 전문가처럼 유창하게 말하는 훈련을 했다.

"회원님, 지금 근육량이 몇 킬로그램이고, 지방이 몇 퍼센트라 3개월 정도 주 3회 이상 운동이 필요해 보입니다. 주 2~3회씩 3개월 정도 30회, 저랑 PT하시는 거 어떠세요?"

떨지 않고 말하기 위해서, 전문적인 표현을 반복해서 연습했다. 엄마와 동생은 내가 회원들 앞에서 잘할 수 있도록 가감 없이 피드백을 해주었다.

매일 연습했지만 PT 등록은 별로 늘지 않았다. 처음에 거절당했을 때는 '그래, 그럴 수도 있지, 다음번엔 더 잘하면 되지 뭐'라고 생각했다. 그런데 두 번째 고객도, 세 번째 고객도 줄줄이 PT 제안을 거절했다. 연달아 거절을 당하니 위축되기 시작했다.

여태까지 나를 지탱해온 자신감이 쪼그라들었다. '저한테 PT받으세요.'란 말을 꺼내야 할 때가 되면, 목에 가시가 박힌 것처럼 말문이 막히고 표정이 굳어졌다.

반복되는 거절에 우울해지는 날에는 엄마와 동생 몰래 혼자서 밤에 울기도 했다. 입사한 지 1개월이 되었을 때, 매일 세일즈의 연속인 트레이너를 계속해나갈 수 있을까? 두려움이 몰려왔다. 여러분도 해야 하는 일이 있는데, 못할 것 같은 걱정이 생긴 적이 있을 것이다. 자신감은 떨어질 때로 떨어져서 바닥을 보이지만, 의외로 이때 '극복하고 싶다는 마음'이 커지기도 한다.

나 역시 마찬가지였다. 무너진 자신감을 회복하기 위해서 마음의 중무장이 필요했다. 첫 번째 방법은 '외치기'였다. 센터 앞에 횡단보도가 있고, 그 옆에 현대주유소가 있었다. 주유소 간판에는 반대편 횡단보도에서도 보일 만큼 특별한 문구가 대문짝만하게 적혀 있었다.

'모든 일은 가능하다고 생각하는 사람만이 해낼 수 있다'

아산 정주영 회장님이 하신 말씀이다. 매일 아침 횡단보도를 건너기 전에 그 문구를 입 밖으로 외쳤다. 센터에 들어가기 직전까지 계속 되뇌었다. 고객들의 거절에 마음이 지칠 때, 책에서 읽은 한 문장이 위로가 되었다.

'고객은 여러분의 제안을 거절한 것이지, 절대로 여러분을 거절한 게 아니다.'

이 말을 통해 내가 힘들었던 이유를 찾을 수 있었다. 그동안 고객이 나를 거절했다고 생각했다.

'고객은 나를 거절한 것이 아니라, 나의 PT 제안만 거절한 것이다.'

거절할 수 없는 PT 제안을 하기 위해서, 고객이 진짜로 원하는 것을 알아내야만 했다. 플로팅(헬스장에 서 있으면서 도움이 필요한 고객을 도와드리는 일)을 하면서 회원들을 유심히 관찰했다.

하루는 등이 굽은 할아버지 회원님이 보였다. 윗몸일으키기를 하고 싶어하셨는데 잘 안 돼서 힘들어하셨다. 나는 달려가서 그분의 손을 잡아드렸다. 회원님은 내 손을 잡고 20번이나 윗몸일으키기를 하게 되었다.

"회원님, 20번이나 해내셨어요. 정말 잘하셨습니다."

회원님은 '휴~' 숨을 뱉으면서 고맙다고 연신 말씀하셨다. 다음 날도 다다음 날도 할아버지 회원님이 윗몸일으키기를 하실 때면 어김없이 달려가서 손을 잡아드렸다.

그러다 어느 날, 할아버지 회원님께 등이 많이 굽어서 불편하지 않은지 여쭤보았다. 아무리 병원에 다녀도 펴지지 않는다며 기본 운동 밖에 할 수 없다고 하소연하셨다. 나는 물리치료사 출신 트레이너이기 때문에 굽은 등을 펴는 건 자신 있었다. 어떤 병원을 다녀도 펴지지 않는다고 말씀하셨지만, 할아버지 회원님의 꾸준한 노력과 나의 체형교정 트레이닝 기술이 더해진다면 반드시 펴질 거라고 확신했다. 그래서 대뜸 회원님에게 "제가 그 등 펴드릴 수 있습니다." 하고 호언장담했다.

회원님은 병원도 포기했다며, 안 될 거라고 하셨다. 그래서 매일 아침 내가 외치는 말을 들려드렸다.

"회원님, 모든 일은 가능하다고 생각하는 사람만이 해낼 수 있습니다. 회원님도 이곳에 올 때마다 이 문구를 매일 보시죠? 마음먹으면 할 수 있습니다."

다음 날이 되고, 회원님이 윗몸일으키기를 하려고 고군분투하실 때 나는 또 달려갔다. 할아버지 회원님은 먼저 말씀하셨다.

"김 선생, 나 진짜로 등을 펼 수 있을까?"

"반드시 펴집니다. 제가 펴드릴게요."

회원님은 나에게 PT 등록을 하겠다고 먼저 말씀하셨다. 그리고 단 10번의 PT 만에 굽었던 회원님의 등이 펴지기 시작했다. 그러자 할아버지 회원님은 나에게 명함과도 같은 존재가 되었다. 나의 비포애프터 성과를 생생하게 증명해주시는 산증인이었다. 할아버지 회원님이 등이 펴진 것을 본 다른 회원님들이 내 실력이 놀랍다며 등록하셨다. 그 때부터 나는 할머니, 할아버지 전담 트레이너가 되었다.

등이 펴진 할아버지 회원님은 매일 헬스장에 꾸준히 나오셨다. 인사하는 회원님들이 많았다. 그래서 회원님들을 만날 때마다 김 선생이 잘한다며 칭찬을 아끼지 않으셨다. 그렇게 나는 인기 많은 트레이너가 되었다.

회장님 회원님이 다른 회장님 회원님을 소개해주시고, 사모님은 사모님의 친구 분을 소개시켜주셨다. 그렇게 나는 회원들이 진짜로 필요한 것을 볼 수 있게 되면서 세일즈를 잘 하게 되었다.

입사 3개월 만에
전 지점 매출
1등을 하다

03

하루 종일 컴퓨터 앞에 앉아서 일하는 직원에게 갑자기 영업을 시키면 매우 난감해할 것이다. 금세 얼굴이 빨개지고 말에 두서가 없어진다. 나도 처음 세일즈할 때는 막막했다. 말의 앞뒤가 연결이 안 됐고, 설득력도 떨어졌다. 살아남기 위해서는 연습밖에 없었다. 연습과 실전이 반복되니, 짧은 시간에도 성과가 나오기 시작했다.

하나둘 PT 등록에 성공하면서 세일즈에 자신감이 붙었다. '회원님 저에게 PT 받으세요.' 제안하기가 점점 수월해졌다. 매일의 세일즈는 도전이자 훈련이었다. 처음 고객을 만날 때 과도하게 긴장돼서 사막처럼 바짝 마르던 입과 꼬이던 말은 시간이 지날수록 자연스러워졌다.

나는 면접에서 반드시 매출 1등을 하겠다고 호언장담했다. 커리어를 위해서도 반드시 해내고 싶었다. 막 입사한 신입사원에 불과했지만, 회사에 뼈를 묻을 때까지 임원으로 초고속 승진해야겠다는 꿈을 가지고 있었다. 세일즈에 실패해도 계속 들이댔다. 냉담한 거절에도 낙담할 시간이 없도록 바로 다음 고객에게 세일즈를 했다. 부지런히 실행한 결과 입사 3개월 만에 나는 전 지점 트레이너 71명 중에 매출 1등을 했다. 돈도 없고 빽도 없었던 내가 초단기로 경력직 트레이너 71명을 제치고 매출 1등을 했다는 이야기를 들을 때마다 사람들은 무슨 신비로운 비결이 있는지 궁금해했다.

첫째, 매출이 가장 잘 나올 수 있는 환경을 선택해야 한다.

당시 스〇〇〇 회사는 잠실, 영등포, 문래 등 여러 지역에 지점이 위치했는데, 나는 부자가 제일 많은 압구정점을 선택했다. 실제로 대부분 고객들이 경제적인 여유가 있었고, PT 서비스에 대한 수요가 높았다. 세일즈를 잘하고 싶다면, 내가 세일즈할 물건, 서비스의 수요가 가장 많이 몰린 곳이 어디인지, 적극적으로 알아보고 선택해야 한다. 작은 호수에 물고기가 많을까? 넓은 바다에 물고기가 많을까? 목표가 크다면, 그것을 이뤄낼 수 있는 거대한 환경부터 찾아야 한다.

둘째, 나만의 차별화된 경쟁력이 있어야 한다.

우리 회사만 해도 71명의 트레이너가 근무했다. 71명 중에서 나에게 PT 받아야 하는 분명한 이유가 있어야, 고객들은 나를 선택한다. 나는 두 가지 장점을 어필했다.

첫 번째는 물리치료사 출신 트레이너라는 점이다. 트레이너를 소개하는 책자와 인터넷에 내가 물리치료사임을 강조했다. 당시만 해도 물리치료사 출신 트레이너가 거의 없었다. 물리치료사가 가르친다면, 안전하고 체계적으로 지도해줄 거라는 안심이 든다.

두 번째는 아이패드로 상세하게 관리한다는 점이었다. 트레이닝을 할 때 항상 아이패드를 들고 다녔다. 고객의 스케줄, 운동 계획, 숙제를 기록했고, 수업 때마다 브리핑을 해드렸다. 평범한 트레이너들은 보통 운동만 가르치거나 종이에 적어서 드린다. 하지만 나는 아이패드에 기록해서 고객이 언제든 운동 기록을 파악할 수 있게 이메일로 보내드렸다.

지금은 트레이너 선생님들이 아이패드를 들고 수업하는 모습을 종종 볼 수 있다. 하지만 당시에는 선배 트레이너들이 수업 중에 아이패드를 쓰는 것을 용인하지 않는 분위기였다. 강압적인 분위기에도 내가 아이패드를 계속 썼던 것은 고객들이 너무 만족했기 때문이다.

"가희 선생님은 체계적이야."

"똑같은 PT인데 이렇게까지 관리해주니 고맙네."

이런 긍정적인 피드백이 아주 많았기 때문에 따가운 눈초리에도 아이패드를 활용해서 체계적으로 교육했다. 게다가 트레이너들은 비슷한 유니폼을 입고 운동을 가르친다. 이런 상황에서 아이패드를 들고 트레이닝하는 내 모습은, 헬스장에 상담 받으러 온 고객의 눈길을 사로잡을 수 있었다. 트레이너가 축적한 지식이 아무리 많아도 그것만으로는 고객들에게 매력적으로 보일 수 없다. 나에게는 아이패드처럼 눈에 띄는 무기가 있었기에 고객들에게 좋은 인상을 심어줄 수 있었다.

셋째, 실력이나 경력이 부족할수록 더욱더 진심을 갖춰야 한다.

당시에 나는 운동 기술도 말주변도 부족했다. 이럴수록 솔직담백하게 마음을 표현해야 한다. 한번은 외교부차관님께 PT 세일즈를 한 적이 있다. 대체 저분은 얼마나 심리적으로 날 간파하고 계실까? 협상의 달인이라는 생각에 상담에 들어가기 전부터 걱정되었다. 상담 테이블에 앉아서 그분의 눈을 보는데 뼛속까지 꿰뚫어 보는 듯했다. 그래서 오히려 이렇게 말씀드렸다.

"회원님께서는 다른 나라를 상대로 협상하는 멋진 일을 하시지요? 제가 이렇게 회원님을 트레이닝 해드릴 수 있어서 기쁩니다. 체중이 많이 나가셔서 일하는 데 많이 힘드셨을 텐데요. 저에게 PT 받으시라고 회원님께 말씀드리고 싶은데 협상처럼 받아들이실까봐 걱정되는 마음도 있어요. 저는 사실 협상도 세일즈도 잘 못합니다. 하지만 최선을 다해서 회원님이 재밌게 살 빼실 수 있게 만들어드릴게요. 저에게 PT 받아보시겠어요?"

이 말이 끝나고 회원님은 나를 빤히 쳐다보셨다. 그리고 결제할 카드를 주셨다. 세일즈를 하다보면, 고객님이 나보다 세일즈의 강자인 경우가 있다. 우리는 화려한 세일즈 기술을 쓰기보다 겸손한 자세와 담백한 진심을 드러내야 한다. 그 후로 차관님은 몇 번이고 재등록을 하며 나와 즐겁게 운동했다. 능력과 기술이 부족할수록 진심은 더 큰 빛을 발하는 법이다.

그 후로 나는 두 번 더 전 지점 1등을 할 수 있었다. 1등을 할 수밖에 없는 환경을 만들고 차별화된 경쟁력을 갖추고 진심으로 임했더니, 경험과 실력이 부족함에도 여러 번 1등을 할 수 있었다. 적게는 1900만 원, 많게는 2000~3000만 원 정도 매출을 올렸다.

보통 사람들은 1등을 하려면 뼈를 깎는 노력과 시간이 필요하다고 생각한다. 하지만 그게 전부는 아니다. 1등을 원한다면, 1등 할 수 있는 확률을 높여주는 환경을 선택해야 한다. 대학교 때도, 첫 회사에서도 나는 1등하기 쉬운 환경을 선택했다. 뭐든지 기세가 중요하다고 하지 않는가? 1등 할 수 있는 환경을 갖추면, 기세가 쭉쭉 뻗어나간다. 여러분이 어떤 분야에 있든 본인의 장점을 찾고 차별화를 시켜보자. 그것이 바로 여러분을 1등으로 만들어줄 무기다.

잊지 말자. 이 모든 게 진심이 아니면 무의미해진다. 내가 고객에게 드리고 싶은 가치를 항상 진심으로 표현해야 한다.

04

신입 트레이너,
10년 차 선배들 앞에서
강의하다

◆ ─────────────

"가희 트레이너, 이번에 전 지점 교육을 부탁할게."

상사가 내게 말씀하셨다.

"아직 1년도 안 된 제가 괜찮을까요?"

많은 사람에게 나를 알릴 수 있는 감사한 기회였지만 걱정이 앞섰다.

"혹시 저를 전 지점 교육 강사로 추천하신 이유를 알 수 있을까요?"
상사에게 되물었다.

"물리치료사 출신이라 체형교정 트레이닝을 전문적으로 하고, 세일
즈도 잘해서 전 지점 1등도 했잖아. 경력을 떠나서 강의에 설 자질이
충분하지. 가희 선생님보다 연차 높은 트레이너가 많아서 부담되겠지

만, 가희 선생님의 노하우를 우리 회사 사람들한테 많이 나눠줬으면 좋겠어."

상사가 인정해주는 말을 듣고 강의를 해보고 싶다는 용기가 생겼다. PT 수업을 할 때 아이패드를 쓰면서 선배님들의 눈 밖에 났지만, 최선을 다해 교육하고 유용한 정보를 드리면 나를 달리 볼 것이라는 기대감이 있었다.

하루 종일 PT 수업을 마치고 집에 들어가면 밤 12시 30분이었다. 며칠 밤을 세워가며 강의를 준비했다. 당시에 회사 대표님, 이사님, 본부장님 등 높은 분들은 매출을 잘 내고 있는 나를 좋아해주셨다. 하지만 함께 일하는 선배들이 나를 대하는 태도는 사뭇 달랐다. 사실 충분히 이해됐다. 아이패드를 써서 혼자만 회원들에게 튀려고 하는 후배. 1년도 안 돼서 전 지점 1등까지 한 후배, 그런데 이번에는 전 지점 교육까지? 선배들 입장에서는 싫을 수 있었다. 그래서 더더욱 이번 교육을 계기로 선배들과 가까워지고 싶었다.

안타깝게도 나는 마음을 기댈 수 있는 입사 동기도 없었다. 동기들과 술자리에서 서로에 대한 이야기를 나눴는데, 다들 나를 두고 "가희는 너무 바빠"라는 평가를 내렸다. 실제로 1등이라는 목표를 이루기 위해서 주변 사람과 어울릴 시간을 내지 못했다. 친해지려면 시간이 필요하다. 관심을 기울여야 한다. 하지만 나는 사회 초년생이라 워라벨을 지키는 데 익숙하지 않았다. 온통 1등을 해야 한다는 생각밖에 없었다. 식사 시간마저 포기할 정도로 몰입했다. 매일 PT 수업이 많아서 퇴근 후나 회식 때 동료들과 겨우 대화를 나눴다. 그래서 이번 전지점 교육이 사람들의 나에 대한 인식을 바꾸는 절호의 기회처럼 느껴졌다. 이를 갈고 열심히 준비했다.

당시에 나를 지독하게 싫어하는 선배가 있었다. 그는 싫은 티를 내야만 직성이 풀렸다. 1등하기 위해서 겪었던 힘듦보다 선배로부터 받은 스트레스가 훨씬 컸다. 여러분에게도 악몽 같은 선배나 상사가 있는가? 만약 예전의 나처럼 절망적인 상황에 처해 있다면, 극복하는 방법을 알려주고 싶다. 선배는 언제나 칼날 같은 말을 내뱉으며 내 마음을 갈기갈기 찢었다.

"야! 굴러온 돌 주제에 박힌 돌을 빼낼 수 있을 것 같냐?"

"야! 네가 운동을 가르쳐? 개나 소나 트레이너 하네."

"야! 너랑 나랑 수업료가 똑같다고? 나 그만둬야겠다. 말이 된다고 생각하냐, 넌?"

선배는 항상 나를 '야' 아니면 '너'라고 불렀다. 무서운 분위기를 조성해서 압박했다. 키가 크고 힘이 센 남자라서 나를 진짜 때릴 것만 같았다. 선배는 동료들 앞에서 나를 무시하는 말을 서슴지 않았다.

"야! 네가 교육을 한다고? 네가 뭘 안다고 교육을 해?"

다른 선배들의 동조를 구하듯이 면전에 두고 조롱했다. 트레이너 업계는 약육강식의 세계다. 나는 그런 굴욕적인 말을 듣고, 한 마디도 따지지 못했다. 아무런 대처를 하지 않으니 괴롭힘의 강도가 점점 심해졌다. 한번은 PT를 하고 있는데 회원들 앞에서 선배가 소리쳤다.

"야! 여기 종이컵 채워, 야! 아이패드 치우라고."

회원들 앞에서까지 선 넘는 선배의 갑질에 도저히 참을 수 없었다. 화가 치밀어올라 얼굴이 새빨개졌다.

"쌤, 저 선생님 왜 저래요? 저래도 되는 거예요? 신고하세요. 선생님. 이건 아니에요."

PT 회원님이 오히려 나를 먼저 걱정해주셨다. 스트레스가 극에 달해서 상사에게 너무 힘들다고 말씀드렸다. 상사는 선배를 좋게 타일렀지만, 그 선배는 바로 내게 보복했다.

"야, 다 네 뜻대로 될 것 같지? 아니야."

선배는 나를 앞에 두고 다른 곳을 때리는 시늉까지 했다. 회사도 상사도 아무도 나를 보호해주지 못했다.

선배의 갑질이 심해질수록 더욱 보란듯이 교육을 잘해내고 싶었다. 드디어 전 지점 교육날이 되었다. 선배에게 당해온 치욕을 멋진 교육으로 되갚아주고 싶었다. 전 지점 동료들이 모인 자리, 1년에서 10년차 선배들 앞에서 무사히 강의를 마쳤다. 강의가 끝나고 몇몇 선배와 입사 동기들이 잘했다고 칭찬해주었다. 그날을 계기로 나를 긍정적으로 봐주는 분들이 생겨났다.

그 후로 선배의 갈굼을 피하기 위해서 나를 좋게 보는 사람들과 어울렸다. 더 이상 나를 못살게 굴 수 있는 여지를 남기지 않았다. 말을 걸 시간조차 없게 만들었다. 많은 사람이 나를 좋아하는 분위기를 보면서 선배는 자진 퇴사했다. 나를 인정해주는 사람들이 많아지는 상황이 견디기 힘들었던 것 같다. 그 선배는 퇴사할 때까지 망언을 쏟아 냈다.

"얘는 웨이트 하나도 몰라요, 얘한테는 절대 받지 마세요."

"자기 몸도 못 만들어본 애가 회원님 몸을 어떻게 바꿔주겠어요?"

나를 앞에 두고 인수인계할 회원님에게 막말을 내뱉었다. 선배가 나 갈 때 저지른 망언이 너무 많아서, 책에 전부 담기 힘들 정도다. 그는 끝까지 사과 한 마디 없이 떠났다.

돌이켜보면 당시 선배는 참 미성숙했다. 본인이 더욱 모범이 되어서 잘하려고 하기보다 잘나가는 사람을 깎아내리기 바빴다. 사실 그 선배 는 키도 훤칠하고 외모도 모델처럼 멋있었다. 그런 멋진 선배가 힘들 어하는 후배를 친절하게 이끌어주었다면 상황은 어떻게 변했을까? 존 경받는 선배가 되었을지도 모른다.

하지만 반대의 길을 선택한 선배는 결국 피트니스 업계를 떠났다는 소식을 들었다. 선배가 떠나고 센터에는 나처럼 아이패드를 쓰는 트레 이너가 생겨났다. 어떻게 함께 성장할 수 있는지 논의하는 건설적인 분위기도 만들어졌다.

한 사람의 갑질로 인해 사회생활 난이도가 10배 높아질 수 있다. 한 때 회사를 떠나야만 지옥 같은 상황에서 탈피할 수 있을까 심각하게 고민했다. 하지만 아무리 따져봐도 내가 잘못한 게 하나도 없었다.

여러분이 사회 생활할 때 누군가에게 이유 없이 괴롭힘을 당하고 있 다면, 자신을 인정해주는 사람들을 찾아라. 누군가 자신을 공격할 수 있는 시간을 허용하지 마라. 힘들수록 논리적으로 생각해보자. 성과도 잘 내고 동료들과 원만한 사람이 회사에 남아야 할까? 아니면 회사 분위기를 망치고 주변 사람을 업신여기는 사람이 남아야겠는가? 당연히 회사를 망치는 사람이 떠나야 한다.

그런 사람은 내가 나가지 않으면, 자발적으로 떠나게 된다. 반대로 내가 떠나면 그가 웃으며 남을 것이다. 합리적으로 회사를 떠날 이유가 없다면 남는 데 집중하자. 올바른 일을 하는 데 몰입하자. 그러면 어느 순간 나쁜 사람은 사라지고, 좋은 사람이 주변에 남을 것이다.

05

뼈를 묻고 싶었던 첫 회사, 급여가 밀리다

잘나가던 회사에 갑자기 먹구름이 끼었다. 이사님들이 우르르 모여서 회의를 하고, 윗분들의 안색이 하나같이 어두웠다.

'분명 회사에 불길한 일이 벌어지고 있는데….'

직급이 낮은 나는 무슨 일이 일어나는지 도무지 알 길이 없었다.

드디어 기다려온 급여 날, 기대와 달리 급여는 들어오지 않았다.

'이런 일이 없었는데?'

누락된 건가 싶어서 매니저님에게 연락드렸다.

"매니저님, 저 급여가 안 들어왔는데요…."

"나도 급여를 못 받았어, 회사가 어려워서 늦는다고만 하네."

도무지 이해할 수 없었다. 월급이 밀릴 수밖에 없다면, 직원들에게 미리 알려줘서 대비할 수 있게 해야 되는 게 아닌가? 노사관계에서 어떻게 이렇게 배려하지 않을 수 있지? 진심을 다한 회사에 뒤통수를 맞는 느낌이었다. 너무 속상했다. 게다가 나는 당장 지출할 고정비도 많았다. 발등에 불이 떨어졌다.

'당장 어디서 돈을 구하지?'

막막했다. 다행히 회원님 중 한 분이 센터 윗층 ○○은행에서 근무하고 계셨다. 직급이 있는 분이었다. PT 수업을 하다가 여쭤봤다.

"회원님, 혹시 급히 대출 받아야 할 일이 있는데, 회원님 은행에서 하면 빠르게 할 수 있을까요?"

"얼마나 필요하세요? 금액이 크지 않으면 바로 해드릴게요. 이따가 은행으로 올라오세요."

은행에서 대출을 받으려면 번거로운 서류 절차가 필요하다. 하지만 지인이라서 특별한 서류 없이 100만 원을 쉽게 대출 받을 수 있었다.

이것이 내 인생 첫 대출이다. 가난하게 살아서 빚지는 게 죽기보다 싫었다. 사업하지 않는 이상, 절대로 받지 말아야지 다짐했던 대출을, 사회생활 초년 차부터 받게 되었다. 10년 이상 빚을 갚기 위해 죽을 고생한 부모님처럼 살게 될까봐 두렵고 겁이 났다.

나는 월급도 못 받았는데, 무사태평하게 돌아가는 회사를 보면서 마음이 싱숭생숭했다. 대체 회사가 어떻게 되는 거지…. 궁금해서 참을 수 없었다. 매주 한 번 모이는 팀 회의 날만 손꼽아 기다렸다. 밀린 급여는 언제 나오는지…, 회사는 앞으로 어떻게 되는지 묻고 싶었다.

트레이너팀 회의 날이 되었다. 시작과 동시에 날벼락 같은 소식을 들었다. PT 매니저님과 PT 팀장님 모두 그만두신다고 했다. 불안이 회오리처럼 커졌다.

'그럼 말단 직원인 우리들은 어떡해야 하는 거지?'

회사가 어려워지니 제일 빨리 떠난다는 상사 분들이 원망스러웠다. 상사들의 퇴직 소식에 따라서 그만두고 싶은 생각도 있었다. 하지만 PT 회원을 많이 보유해서 당장 떠날 수 없었다. 센터를 나간다는 생각을 해본 적이 없었기에 어떻게 그만둬야 할지도 몰랐다.

부정적인 생각도 잠시, 회사가 어려울수록 나라도 열심히 해야지라고 마음을 다잡고, 매출 창출과 PT 수업에 매진했다.

'1등 직원인데, 내가 열심히 해야 회사가 살아나지!'

해야 할 일에만 하루하루 집중했다. 최대한 돈을 아껴가며 살았다. 그러나 마음 한켠에는 불안이 스멀스멀 커졌다.

'다음 달은 급여가 나올 거야, 설마 두 달이나 밀리겠어?'

그러나 우려가 현실로 일어났다. 매출도 수업도 그렇게 많이 했는데, 두 달 연속 월급이 나오지 않았다. 배신당한 기분이었다. 직원들의 월급이 밀렸는데, 사전에 한 마디 해주지 않는 회사가 너무 미웠다. 헌신하는 직원들에 대한 배려가 전혀 없다고 느껴졌다. 이런 회사를 위해 목숨 걸고 일하려 했던 것이 분하고 속이 터졌다.

"퇴사하겠습니다."

남아있는 상사 분에게 사직 의사를 밝혔다. 나의 퇴사 소식을 듣고, 고위급 임원분이 직접 면담하러 오셨다.

"회사를 위해 더 일해주면 안 되겠나?"

나이 차이가 15살 이상 위로 보이는 어른이었다. 나는 솔직하고 담담하게 의견을 말씀드렸다.

"회사가 어려우면 급여를 밀릴 수도 있습니다. 하지만 진심으로 함께 가고자 했다면, 어떤 사유로 밀릴 것이라고 미리 말씀해주셔야 합니다. 함께 이겨내자고 격려의 말씀이라도 해주셨다면, 저는 회사를 일으키기 위해 할 수 있는 모든 일을 했을 겁니다."

이 말을 끝으로 더는 내게 권유하지 않으셨다. 집으로 돌아오는 퇴근길, 집 앞 벤치에 앉아서 소리내어 엉엉 울었다. 강변역에서 운 이후로 이렇게 펑펑 울어본 건 오랜만이었다.

억울한 마음….

서러운 마음….

잘 살아보려고 애를 쓰고 노력했는데, 인생이 맘처럼 풀리지 않는 게 억울하고 실망스러웠다. 첫 직장 같은 이곳에서 매출 1등을 찍고, 인생이 좀 풀리려나 기대한 시점에 다시 인생이 꼬이는 것 같았다.

서럽게 울어본 사람은 알 것이다. 하루 종일 울 것처럼 서럽게 울지만, 막상 20분 정도 눈물이 흐르면 슬픔이 싹 가신다. 울고 나면 마음이 평온해지고 명료해진다.

"그래도 어쩌겠어. 난 잘 살고 싶은 사람이니까 살아내야지."

다음 날, 회원 한 분 한 분에게 작별 인사를 건넸다.

"말할 수 없는 사정이 있어서, 더는 트레이닝을 해드리지 못하게 되었어요. 죄송합니다."

마지막 수업은 모두 서비스로 챙겨드렸다. 하루에 수업이 10개면, 회원 10분에게 이별을 고하면서 10번 울었다. 사랑하는 남자친구와 헤어지는 것처럼 심장이 찢어지게 아팠다.

정말 사랑한 분들, 좋아하는 회원들을 두고 간다는 게 몹시 죄송하고 슬펐다. 그때 절대로 이직을 많이 하지 말아야겠다고 생각했다. 이런 아픔을 두 번 다시 겪고 싶지 않았기 때문이다.

결국 퇴사를 했다. 밀린 급여를 받기 위해 변호사 상담을 받았다. 법원을 다니며 떼인 급여를 어떻게 받는지 학습하게 되었다.

여러분도 나처럼 회사나 친구에게 돈 떼인 경험이 한 번쯤 있을 것이다. 막막한 심정, 너무 잘 안다. 절망적인 상황에서 이렇게 생각해보자.

'오히려 잘됐다!'

이 고통을 겪었기 때문에 앞으로 더 어려운 문제도 대비할 수 있겠구나. 부정적인 일을 성장의 발판으로 삼아라. 당장은 나를 괴롭게 할지 몰라도 반드시 나를 성장시킨다.

이런 마인드로 절망을 이겨냈다. 시간은 오래 걸렸지만 떼인 돈도 받아냈다. 앞으로 이런 비슷한 일이 생겨도, 잘 헤쳐낼 수 있다는 자신

감이 생겼다. 여러분에게도 힘든 상황이 펼쳐질 수 있다. 힘들면 힘들
수록 성장하는 증거라는 것을 잊지 말자.

피트니스 대회
이력 10줄만
만들자

바디프로필만으로는 성에 차지 않았다. 바프는 포토샵으로 얼마든지 '사기'칠 수 있기 때문이다. 멋진 몸을 만들 수 있다는 사실을 빼도 박도 못하게 증명하고 싶었다. 최고로 멋진 몸을 만들어서 평가받는 곳, 피트니스 대회에 참가하기로 결심했다. 피트니스 선수로 꿈을 꿨던 것일까? 그건 내가 추구하는 길이 아니었다. 나는 이길 확률이 높은 곳에 베팅하는데, 피트니스 선수는 이길 확률이 높지 않았다.

나는 어렸을 때 연약했다. 소아 천식에 걸려서 매일 병원에 다녔다. 호흡기를 달고 살았다. 치료를 받으면서 갑상선기능항진증에서 갑상선기능저하증으로 호전되었지만, 질병으로 인해 근육량이 잘 늘지 않왔다. 데드리프트나 바벨 로우를 해도 무게를 많이 들지 못했고 허리가 너무 아팠다. 나중에 알게 된 사실인데 나의 팔 길이는 여성 평균에 비해 상당히 짧았다. 체형이 특이해서 선배들이 알려주는 동작을 따라 해도 느낌이 잘 안 왔다. 가르쳐준 대로 따라오지 못한다고 많이 혼났다. 그래서 더 열심히 공부했다.

"나는 왜 이 동작이 안 되지?"

"왜 이 느낌이 안 오지?"

이런 질문을 끝없이 던지면서 결국 답을 찾았다. 다양한 체형에 맞는 운동법을 터득했다. 내 체형이 특이했기에, 회원들의 제각기 다른 체형에 맞게 운동을 지도할 수 있었다.

예를 들어, 데드리프트를 가르쳐주더라도, 팔이 짧은 사람과 팔이 긴 사람을 지도하는 방식을 달리했다. 내 몸의 장단점과 체형에 맞는 운동법을 잘 이해하고 있었기에 대회에 출전한다면 좋은 성적을 거둘 거라 확신했다.

대회 이력 10줄을 만들자는 목표를 세웠다. 목표는 확고했다. 선수로 유명해질 목적이 아니라 트레이너를 가르치는 트레이너가 되는 것이었다. 수많은 트레이너를 가르칠 수 있는 인정받는 트레이너가 되려면, 대회 이력이 반드시 필요했다. 운동과 식단은 바프 찍을 때처럼 하면 됐지만, 대회 준비는 복잡했다. 단순히 몸만 만든다고 끝나지 않는다. 종목에 맞는 포즈로 몸을 아름답게 표현해야 했다. 대회 경험이 전무해서 성장 가속도를 높여줄 스승을 찾아다녔다.

당시 팀윤이라는 바디빌딩 선수 팀이 유명했고, 그중에서도 존경했던 안보경 선수를 찾아갔다. 안보경 선생님은 비키니, 스포츠모델, 피규어 등 다양한 종목에 출전해서 입상한 경험이 있었다. 그분의 수상 소감, 언론 기사들을 봤을 때 겸손함과 낮은 자세로 정진하는 태도가 귀감이 되었다.

PT 50회를 등록했다. 선생님께 선수의 운동, 식단법을 배웠다. 뿐만 아니라 대회 종목, 의상, 포징 연습까지 모든 것을 배울 수 있었다. 대회에 출전하는 사람을 '선수'라고 칭한다면, 선수가 대회를 잘 치를 수 있도록 도와주는 사람을 '서포터'라고 한다. 안보경 선생님과 지금의 남편은 서포터로서 대회장에서 최선을 다해 나를 보살펴주었다.

드디어 첫 대회가 결정됐다. 강원도에서 열리는 나바코리아였다. 선수의 운동과 식단은 어렵지 않았다. 하던 대로 하면 됐다. 하지만 닭가슴살, 고구마, 채소 위주로 계속 먹다보니 닭 냄새가 물렸다. 음식이라는 연료를 몸에 넣긴 하는데 체력이 올라오지 않았다. 갑상선 질환 때문이겠지 하며 가볍게 넘겼다. 당시에는 비타민, 미네랄을 챙겨 먹어야 한다는 개념조차 없었다. 어디 브랜드가 좋은지도 몰랐다. 열정과 노력에만 꽂혀 있었을 때라 보충제를 제대로 챙겨 먹지 않았다. 힘이 떨어지는 건 대회가 가까워져서 심적으로 부담을 느꼈을 거라고 짐작했다.

연습만이 살 길이었다. 거울 앞에 서서 내 몸을 보며 걷고 또 걸었다. 대회 3일 전, 스프레이 태닝을 받았다. 유쾌하지 않은 경험이었다.

일반적인 태닝 방법도 있지만 이미 해봤고 혼자서도 할 수 있었다. 당시 외국의 일류 선수들 사이에서 스프레이 태닝이 유행이었다. 일류 선수들의 방법을 참고하고 싶어서 경험했다. 확실히 색감과 발색 밀착력이 눈에 띄게 좋았다. 대회에 나가면 얼굴과 몸 색이 너무 다른 선수들을 간혹 보게 된다. 스프레이 태닝은 피부색이 자연스럽게 표현되었다.

하지만 스프레이 태닝을 하는 과정에서 수치심을 느꼈다. 생식기만 겨우 가릴 수 있는 팬티라이너와 젖꼭지에 스티커를 붙이고 서 있으면, 스프레이 태닝 기사가 내 몸에 갈색 스프레이를 뿌려주었다.

'선수들은 이런 어려운 과정을 해내는구나.'

스프레이 태닝으로 피부색이 예쁜 선수들을 볼 때, 이런 과정을 겪었으리라고 꿈에도 상상하지 못했다. 이 과정이 싫었다. 하지만 대회를 위해서 최선을 다했다.

대회 당일, 사람들의 환호 속에서 걸어나갔다. 당당한 걸음과 달리 심장은 입 밖으로 튀어나올 만큼 떨렸다. 심사위원들의 눈을 똑바로 마주치고 자신감 있는 모습을 보여줘야 했는데, 너무 떨려서 눈을 마주 칠 수 없었다. 무대에서 걷는 연습을 수없이 했지만, 실제로 사람들 앞에 서보니 너무도 달랐다. 그리고 비교 심사를 하는데, 한 여성 분이 내 앞을 가리고 포즈를 취했다.

내가 피해를 봤는데도 오히려 그분에게 피해가 갈까봐, 비켜달라는 말도 못 하고 아무런 행동도 취하지 못했다. 그렇게 아쉽게 첫 대회가 막을 내렸다. TOP10 메달은 땄지만, 기분이 썩 좋지 않았다. 부족한

점을 보완해서 다음번에는 더 잘하리라고 다짐했다. 첫 무대를 뛰어본 경험을 바탕으로 상상 연습을 했다. 많은 사람 앞에서 당당하게 걷고 있는 모습, 정색하고 있는 심사위원과 여유롭게 눈을 맞추며 포즈를 취하는 모습을 떠올렸다.

연습은 효과가 있었다. 두세 번째 대회부터 자신감 있는 포즈를 선보였다. 관중석에서 환호가 터져 나왔다. 비교 심사 때 누가 나를 가리면, 나도 지지 않고 자리를 되찾았다. TOP10이었던 성적은 4, 5등으로 상승했다. 선수로서 기량이 점점 향상되었다. 대회를 거듭 출전하면서 노하우가 생겼다. 7, 8번째 대회에서는 총력을 기울였다. 포징이나 근육의 강도 모든 면에서 베스트 컨디션을 이끌어냈다. 1등을 목전에 둔 시점에서, 경쟁자들에 비해 내가 부족한 점 하나가 눈에 크게 들어왔다. 일류 선수들은 있고 내게는 없는 것 '큰 가슴'이었다.

피트니스 대회 심사위원들은 단순히 근육의 발달 정도를 판단하는 게 아니라, 여성의 전반적인 S라인도 같이 평가했다. 가슴이 큰 사람이 조금이라도 유리했다. 그래서 가슴 확대 수술을 하고 참여하는 선수들이 많다. 이왕 대회 뛴 거 나도 가슴 수술해서 1등 한 번 노려볼까? 하고 잠시 고민했다. 힘들게 노력하다 보니 자꾸만 1등에 집착했다. 1등이 원래 목표가 아니었음에도, 이 조건만 채워지면 1등 할 수 있을 텐데, 나도 모르게 그런 생각이 들었다.

지금 생각해도 대회 1등을 하려면 가슴 수술을 하는 게 맞다. 1등은 내가 할 수 있는 모든 방법을 동원해야 하니까. 하지만 내 인생 전체를 두고 봤을 때, 가슴 수술은 하고 싶지 않았다. 몸이 좋아서 인정받는 방법보다는 '나의 철학과 지식'으로 사람들에게 주목받고 싶었기 때문이다. 내가 세상에 보여주고 싶은 게 무엇인지 대회를 통해 확실히 깨닫게 되었다. 그래서 오랜 고민 끝에 가슴 수술은 하지 않기로 했다. 마지막 10번째로 크리스천 보디빌딩 대회에 참여했고 2위라는 성적으로 시즌 오프를 했다.

1등을 하지 못했지만 대회 행사들이 어떻게 진행되는지 경험했고, 대회 수상 경력 10번을 이력으로 남기게 됐다. 이를 계기로 교육 매니저, 트레이너를 가르치는 강사로 일할 때, 더 자신감을 가질 수 있었다. 대회 출전하는 후배 선수들에게도 실용적인 조언을 해줄 수 있었다. 그리고 이 모든 경험을 토대로 키스포츠페스티벌 등 현재 교육 컨퍼런스를 기획하고 운영하는 역할도 수행하게 되었다.

생리주기 트레이닝?
이게
정답이구나!

피트니스 대회를 여러 차례 참여하면서 몸에 부작용이 생겼다. 닭고야 (닭가슴살, 고구마, 야채 식단의 줄임말) 식단만 오랫동안 고수했더니 입 안이 헐었다. 아무리 자도 피곤이 풀리지 않았다. 운동하다가 인스타그램에 예쁜 사진 한 장 올리고 싶어서 카메라를 켜면, 몰골이 너무 못생겨 보여서 핸드폰을 도로 집어넣곤 했다.

피트니스 대회를 준비하며, 태어나서 가장 핏한 몸매를 만들었다. 하지만 얼굴과 건강을 모두 잃어버렸다. 다크서클이 심한 눈, 노랗게 뜬 얼굴. 피곤한 증상까지 겹치면서 '간이 나빠졌다는 걸' 검사 받지 않아도 알 수 있었다. 갑상선기능저하증은 더 악화된 건지 눈 한쪽이

유난히 튀어나왔다. 요괴를 연상케 했다. 예쁜 몸매와 대비되는 초췌한 얼굴이 볼 때마다 싫었다.

더 예뻐지고, 건강해지려고 몸을 만드는 트레이너가 된 건데, 최선을 다했더니 도리어 반대의 결과를 얻었다. 이 과정을 겪으며, 내가 선택한 다이어트 방식에 문제가 있다는 사실을 깨달았다.

'일반적인 다이어트 상식이 나에게 맞지 않는구나. 그럼 나한테 적합한 다이어트 방법은 뭘까?'

나와 다른 사람의 차이를 하나씩 검토했다. 갑상선 질환, 허리가 긴 체형, 하체비만, 평발, 여자라서 생리를 한다는 것까지. 하나씩 확인해보니 다른 요소들은 전부 고려해서 운동을 했지만, 유독 '생리주기'만 고려하지 않았다.

트레이닝할 때 생리주기를 생각하지 않은 이유는 무엇일까? 내가 겪은 불편한 경험 때문이었다. 트레이너는 직업 특성상, 남자 직원의 비율이 높다. 당시 내 주변에는 생리통으로 일을 쉬는 여자 직원을 '정신력이 낮은 사람'으로 치부했다. 그래서 나는 절대로 아픈 티를 내지 않았다. 티를 내지 않고, 끝까지 참다가 병원에 실려간 적도 있었다.

생리로 인한 몸 상태를 고려해서 운동하면, 정신력이 형편없는 사람으로 지적 받을까봐 억지로 생리의 존재를 무시했다. 생리 기간에도 매일 더 강도 있게 운동해야 한다며 스스로를 다그쳤다. 생리통이 너무 심해서 제대로 운동(훈련)을 해낼 수 없는 날이면 심하게 자책했다.

'아프다고 포기한 거야? 내 정신력이 이것밖에 안 돼?'

생리일수록 나를 가혹하게 채찍질했다. 여성인 나조차도 생리에 대한 부정적인 프레임을 갖고 있었다.

나는 물리치료 학문을 전공했기 때문에 남여의 해부학적 차이를 이해하고 있었다. 남자에 비해 여자는 보편적으로 팔과 다리가 휘어 있어서 여자에게 맞는 운동법을 제시하고 있었다. 하지만 생리주기 트레이닝은 고려하지 않았다. 당시 내가 하는 퍼스널 트레이닝은 반쪽짜리일 수밖에 없었다.

여성의 생리주기를 고려해서 다이어트를 잘하는 방법은 무엇일까? 본격적으로 연구에 돌입했다. 네이버를 검색해도 정확한 정보를 찾기 어려웠다. 한국에서는 연구 논문도 턱없이 부족했다. 그래서 해외 서적이나 해외 논문을 찾아봤다. 지구의 절반이 여성이니, 나처럼 생리주기에 맞는 트레이닝 비법을 찾는 사람이 분명히 어딘가 존재할 거라고 믿었다.

다행히 영어권 논문에는 여성의 생리주기에 따라 운동 실험을 한 연구들이 있었다. 모집단이 작아도 효과가 있다고 검증한 논문들의 결과는 대동소이했다.

결론적으로 이야기하면, 생리기 때는 생리통의 정도에 따라 운동 강도를 조절하고, 생리가 끝난 일주일(나는 이 기간을 황금기라고 일컫는다)에는 고강도 훈련을 하라는 것이다. 이 핵심 원리를 내 몸에 적용했다.

그동안 매일 동일한 강도로 훈련하며 피트니스 대회를 준비했다. 그러나 '생리주기를 고려하겠다'고 다짐한 후에는 생리주기에 따라 강도를 변화시켰다. 생리할 때는 통증이 심해서 스트레칭 같은 낮은 강도로 운동했다. 황금기가 되면 생리 때 못했던 운동량과 강도를 보상하듯 높은 강도로 신체의 한계를 시험하듯 운동했다. 더 이상 정신력을 운운하지 않고, 생리주기에 따라 강도를 조절했더니 심리적으로도 운동이 더욱 즐거워졌다. 고강도로 훈련하지 않는다는 자책감도 갖지 않게 되었다.

그 결과 얼굴과 몸매가 엄청 예뻐졌다. 온몸에 활력이 돌아왔다. 결국 여성들에게는 '생리주기 트레이닝'이 답이었다. 내 몸이 또 한 번 멋있게 변하면서 퍼스널 트레이너라는 직업이 매력적으로 느껴졌다. 생리주기 트레이닝을 회원들에게 적용하면서 알게 된 사실이 있다. 생리를 부정적으로 보는 프레임을 가진 여성이 많다는 것이다. 여성임에도 운동할 때 생리를 고려해야 하는 이유를 모르고 있었다.

나는 여성 분들에게 생리주기 트레이닝의 핵심 이론을 설파하고 중요성을 납득시켰다. 생리주기 트레이닝을 하고나서 정체기를 오랫동안 겪은 여성 회원들의 살이 다시 쑥쑥 빠지기 시작했다.

그 이유는 무엇일까?

여성들이 생리통이나 월경전증후군이 심할 때 컨디션에 맞지 않게 매일 고강도 트레이닝을 해서 오버트레이닝(과도한 트레이닝)이 된 것이다. 그 결과 스트레스 호르몬 분비가 증가했고, 오히려 살이 빠지지 않았다.

반대로 '생리주기 트레이닝'을 적용해 운동 강도를 적절하게 변화시켰더니, 과도한 스트레스 호르몬 분비 없이 살이 잘 빠졌다. 이 일을 계기로 여성 다이어트의 비밀을 알게 되었다. 생리주기 트레이닝이 여성 다이어트에 정답이라는 사실이다.

혹시 이 책을 읽고 있는 여성 분들도 생리주기 트레이닝을 해보았는지 궁금하다. 과거의 나처럼 생리통으로 아파서 떼굴떼굴 구르는가? 생리 직전에 식욕을 주체하지 못해서 배달의민족으로 먹방을 찍지 않았는가? 나와 비슷한 경험을 해봤다면, 그건 우리 모두가 여성이고, 생리를 하기 때문이다.

살이 안 빠지는 정체기가 고민인 사람, 살을 쉽게 빼고 싶은 사람은 꼭 한 번 생리주기 트레이닝을 경험해보길 바란다. 생리주기 다이어트의 중요성을 알았으니, 실행만 하면 생리통의 노예에서 해방되고, 원하는 만큼 다이어트를 손쉽게 할 수 있다. 나는 현장에서 14년간 퍼스널 트레이너로 활동하고, 여성 고객님의 다이어트 성공 사례 3,000건을 보유했기 때문에 100% 장담할 수 있다.

나는 평소에 외부 행사와 강연으로 바쁜 나날을 보내고 있다. 생리주기 트레이닝을 대한민국 국민들이 알 수 있도록 교육에 힘쓰고 있다. 그래서 어쩔 수 없이 1:1 퍼스널 트레이닝의 비중을 줄였다. 그러니 생리주기 다이어트를 온라인으로 나에게 직접 배우고 싶은 분들을 위해 큐알코드를 남긴다. 짧은 시간에도 살이 효과적으로 빠지는 기적을 경험하게 될 것이다.

생리주기 다이어트 오픈 영상

08

식단, 월경,
배변, 수면까지
알려주자

◆ ─────

'조금 먹고, 운동하는데 왜 안 빠지지?'

트레이너 1~2년 차 때 누구나 운동하면 살이 빠진다고 생각했다. 체지방이 안 빠지는 회원에게 운동을 더 해야 한다고만 강조했다. 그런데 아무리 열심히 해도 그대로인 분들이 있었다. 너무 속상했다.

당시에는 저탄수화물 식단을 지키고, 운동해서 걸그룹 소녀시대 같은 몸매를 만드는 게 다이어트 트렌드였다. 극단적으로 무탄수 다이어트를 하는 사람들도 있었다. 저탄수화물 식단과 운동을 병행하는 게 다이어트 상식이었다.

하지만 생리주기 다이어트를 배우고 나서 알았다. 남자와 여자의 다이어트 방법이 다르다는 걸. 저탄수화물 식단은 틀리지 않았다. 하지만 여성은 생리주기가 있기에 저탄수화물 식단을 하더라도 생리주기를 고려해야 한다. 그래야만 아프지 않고 정체기도 겪지 않는다.

혹시 살이 안 빠져서 고민인가? 그러면 매일 반복되는 저탄수화물 식단에 매일 똑같은 운동 방법은 멈추자. 여성의 몸은 남성과 다르다. 먹는 열량이 오랫동안 결핍되면 체지방을 더 보존하려는 경향이 있다. 영양이 결핍되면 여성 호르몬을 만드는 원료가 부족해진다. 근육을 만드는 호르몬이나 스트레스를 완화시키는 호르몬도 생성되지 않는다. 결국 살을 빼려고 해도 빠지지 않는 정체기가 온다.

나를 찾아온 여성 고객의 90%는 다이어트가 목적이다. 그래서 '어떻게 하면 살을 잘 빼줄 수 있을까?' 항상 고민했다. 공부로 얻은 데이터를 내 몸에 실험하면서 생리주기 트레이닝이 최고의 방식임을 깨달았다. 그래서 처음 PT를 할 때 "회원님, 생리주기가 어떻게 되세요?"라고 물어본다. 이를 바탕으로 최적의 트레이닝을 했더니 수많은 회원이 다이어트에 성공했다. 결과가 궁금한 분들은 구글에 '생리주기 트레이닝'을 검색해보자.

다이어트와의 전쟁을 종결하려면, 여성들은 생리주기를 꼭 기록해야 한다. 생리주기는 다음 그래프처럼 크게 생리기, 황금기, 황체기로 구분할 수 있다.

생리하는 첫날부터 7일까지를 생리기, 생리가 끝나는 날부터 7일까지 황금기, 그 후 14일을 황체기로 본다. 이 다이어트 치트키만 알아도

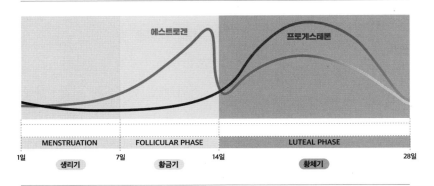

에스트로겐

프로게스테론

| MENSTRUATION | FOLLICULAR PHASE | LUTEAL PHASE |

1일 　　　　　　　　　7일　　　　　　　14일　　　　　　　　　　　　　28일

생리기　　　　　황금기　　　　　　　황체기

생리주기 그래프

살 빼기가 두 배 쉬워진다. 각 기간에 우리 여성의 몸에는 어떠한 변화가 일어날까?

1 생리기: 생리하는 기간

생리기에 운동을 해야 할까? 말아야 할까? 기준은 '생리통'에 있다. 통증이 약하면 저강도로 운동해보자. 생리통을 경감하고 다이어트 효과도 누릴 수 있다. 생리통이 심각한데 강하게 운동하면 근육통이 오래간다. 생리통이 심할 때는 근육도 잘 붙지 않는다. 생리기에는 부모가 자식을 돌보는 마음으로 몸 상태를 들여다봐야 한다. 건강을 챙기기 위해서 이 기간에는 불포화지방산이 풍부한 들깨순두부, 생선 등으로 영양을 보충해보자.

2 황금기: 다이어트 최적기

여성의 몸에는 근육을 만들어주는 '에스트로겐' 호르몬이 분비되기 때문에 고강도 운동을 하는 게 좋다. 게다가 이 시기에는 식욕 제어도 잘 된다. 장기간 다이어트를 한다면 운동 전에 탄수화물 30~40g+단백질 20g 정도를 먹고, 운동 후에는 근육을 만드는 데 더 도움이 되도록 탄수화물 30~40g+단백질 30~40g을 꼭 먹자. 노력한 만큼 근육이 붙을 것이다.

3 황체기: 다이어트 위축기

이 시기에는 복부 팽만감, 여드름, 체중 증가, 감정 기복, 배고픔 등 증상이 나타날 수 있다. 이를 월경전증후군(PMS)이라고 부른다. 굳이 운동을 쉬지는 않아도 된다. 다만 PMS 증상이 심하면, 운동 강도를 약하게 하고, PMS 증상이 약하면 강도를 높이면 된다. 이 시기에는 혈액순환이 잘 안 되는 특징이 있다. 그래서 유산소 운동을 해주면 살이 쉽게 빠진다. 황체기에는 운동을 강하게 하지 않는 대신, 식단 관리를 해주는 게 중요하다. 특히 끼니를 거르지 않고, 포만감만 늘려주자. 식이섬유가 포함된 채소, 버섯, 김치를 잘 챙겨먹자.

탄수화물, 단백질, 지방뿐만 아니라 미량 영양소인 비타민 미네랄도 골고루 보충해야 다이어트가 잘된다. 만약 여러분이 닭고야 식단을 지켰는데 다이어트에 실패했다면, 비타민 미네랄을 챙기지 않았을 가능성이 농후하다.

여성의 신체는 신비롭다. 생리주기에 따라 배변과 수면 상태도 변한다. 황체기 때는 변비가 생기기 쉽다. 생리를 시작하면 설사를 할 수 있다. 그렇기에 황체기에는 식이섬유와 물의 섭취량을 늘려보자. 생리기에 설사를 하는 건 건강한 여성 몸의 반응이니 걱정하지 말자. 황금기에는 밤을 새거나 조금만 자도 몸이 버티지만, 황체기나 생리기에 밤을 새면 면역력이 떨어져서 며칠을 앓을 수 있다. 굳이 밤을 새려면 황금기에 하고, 황체기에는 식이섬유를 챙겨먹는 지혜를 발휘해보자.

축하한다. 생리주기 트레이닝이란 다이어트 치트키를 알았으니, 네버엔딩 다이어트에 마침표를 찍을 수 있게 되었다. 나는 여성 피트니스 전문가로 14년 동안 여성 고객을 만났다. 생리주기 트레이닝은 미국 나이키에서도 인정한 다이어트 공식이다. 하지만 아직도 현업에 있는 많이 트레이너들이 이 사실을 모르고 있다. '왜 나는 식단을 지키며 운동했는데 살이 안 빠지지?' 고민하는 여성들도 많다.

내 꿈은 대한민국 여성을 건강하게 만드는 것이다. 그 꿈을 이루기 위해 매일 쉬지 않고 달리고 있다. 하지만 나 혼자 힘으로는 불가능하다. 그래서 매년 여성 피트니스 전문가를 양성한다.

만약 여러분이 트레이너 필라테스 강사라면, 여성들이 꼭 알아야 할 생리주기 트레이닝을 회원분들에게 경험하게 해보자. 소중한 회원의 인생이 바뀔 것이다.

4장

월 90만 원 알바생에서
연매출 10억 CEO가 되다

24살 김가희가
21살 남편을
만나다

좋은 배우자를 만나는 건 인생에서 제일 중요한 숙제다. 어떤 사람을 만나는가에 따라 인생의 판도가 달라진다. 나는 결혼을 아주 잘했다. 결혼하고 10억도 벌어봤다. 내일 죽어도 아쉽지 않을 만큼 매일 행복하게 지내고 있다. 그래서 어디서도 밝힌 적 없었던 '최고의 배우자 고르는 방법'을 얘기해보겠다.

지금과 달리 20대 '김가희'는 머리가 길었고 짧은 치마를 입었다. 좋은 남자친구를 만나기 위해 이상형(배우자) 조건을 글로 적어두기도 했다. 당시에 적었던 내용이 어렴풋이 기억난다.

크리스천, 사랑이 많은 사람, 나를 세심하게 챙겨주는 사람, 나를 잘 이해해주는 사람, 성실한 사람, 재력 있는 사람, 좋은 가정에서 사랑을 많이 받고 자란 사람, 유머가 있는 사람, 본인만의 철학이 단단한 사람, 내가 못하는 걸 잘하는 사람, 요리 잘하는 사람, 몸 좋은 사람 등등 15가지 정도를 적었던 것 같다.

아직 사랑하는 사람을 만나지 못했다면, 가장 먼저 배우자의 조건을 글로 적어보자. 적으면 정말로 이루어진다. 그 이유는 '빨간 자동차 효과'로 설명할 수 있다.

"오늘 빨간 자동차를 몇 대나 보셨나요?"

이 질문에 정확히 대답할 수 있는 사람은 거의 없다. 관심 있게 보지 않아서 기억도 남지 않는다. 그런데 누군가 "이제부터 빨간 자동차를 볼 때마다 10만 원을 드리겠습니다."라고 말하면 어떻게 될까? 온 세상이 빨간 자동차로 보인다.

그러니 적어야 한다. 배우자의 조건을 숙지해야 그런 사람이 눈앞에 나타났을 때 알아보게 된다. 나는 배우자 조건을 달달달 외우고 기도까지 했다.

남편과는 헬스장에서 처음 만났다. 당시 나는 트레이너였고 그는 FC로 취업한 신입사원이었다. 동료 트레이너 선생님과 대화를 나누고 있는데 그가 다가와서 환하게 웃으며 인사했다.

"안녕하세요. 선생님들, 저는 남인택이라고 합니다. 오늘 첫 출근 했는데 앞으로 잘 부탁드립니다."

인사와 함께 그가 건네준 빼빼로에는 화이팅이라는 문구가 적혀 있었다. 나는 단번에 알아봤다. 인택은 세심한 사람이란 것을. 하지만 첫눈에 반하지는 않았다. 그와 자주 대화를 나누면서 가랑비에 옷 젖듯이 점점 사랑에 스며들었다.

그는 내가 출근할 때마다 몇 시간씩 운동하고 있었다.

"인택쌤 운동 되게 오래 하시던데, 얼마나 한 거예요?"

"50세트요. 저는 매일 50세트가 목표예요."

"와~ 진짜 대단하시네요."

그는 하루도 빠짐없이 운동을 했다. 본인이 정한 목표를 꾸준하게 달성하는 모습이 눈부셨다. '꾸준한' 매력이 있는 인택과 친하게 지내고 싶었다. 알고 보니 나보다 3살이나 어렸다. 어리지만 열심히 사는 모습에 더 호감이 생겼다.

하루는 센터에 외국인 고객이 방문했다. 직원 대부분이 외국인 상담을 안 하려고 서로 미뤘다. 이때 인택이 나서서 유창한 영어 실력으로 고객을 응대했다. 상담이 끝나고 인택쌤에게 물었다.

"인택쌤, 어쩜 그렇게 영어를 잘 하세요?"

"사실 최근까지 외국에서 살다 귀국했어요. 중고등학교를 남아공에서 나왔거든요."

나는 그때 인택이 재벌집 막내아들인 줄 알았다. 번뜩 나의 배우자 조건이 떠올랐다. 실례가 될 수 있는 '재력'에 관한 질문 빼고, 인택에게 자연스럽게 이것저것 물어봤다.

"인택쌤, 요리 잘 하세요?"

"인택쌤 종교는 있으세요?"

티나지 않게 타이밍을 봐서 하나하나 물어봤다. 이럴수가! 정말 내가 세운 조건에 다 들어맞았다. 인택은 크리스천에 요리도 좋아하고, 사랑도 많아서 사람들 챙겨주는 것도 좋아했다. 거기다 부모님도 사이가 엄청 좋았다. 이상형을 보내주셔서 감사하다고 하나님께 감사 기도가 절로 나왔다.

나에게 '완벽한' 인택에게도 엄청난 단점이 있었다. 군대를 안 갔다온 21살 남자라는 것. 나는 24살인데 '고무신이 되어 기다릴 수 있을까?' 생각만 해도 우울했다. 하지만 사랑에 빠진 마음은 걷잡을 수 없었다. 군대 문제는 나중에 생각하고, 내 감정에 충실하고 싶었다. 인택에게 좋아한다고 고백했다. 2013년 12월 25일 인택은 내 남자친구가되었다.

사귄 지 몇 달 정도 된 어느 날, 인택은 집에 두고 온 물건이 있어서 가지러 간다고 했다. 드디어 부잣집을 볼 수 있다는 기대감에 따라가 겠다고 했다. 인택은 잠시 밖에서 기다리라고 했지만, 같이 가고 싶다며 철부지마냥 졸랐다. 그렇게 집에 도착한 나는 너무 놀랐다. 당시 어머님, 아버님, 인택, 여동생 4명이 5평 남짓 단칸방에서 살았기 때문이다. 부잣집 막내아들의 상상은 물거품이 되었다.

"인택아, 어쩌다가 원룸에서 가족이 어렵게 살게 된 거야?"

인택은 미국 오클라호마 주립대학교 장학생으로 합격했지만, 아버지의 사업 실패로 한국으로 돌아올 수밖에 없었다. 인택이 그런 일을 겪었다는 게 마음이 너무 아팠다.

그래서 헤어지기로 했을까? 아니다. 오히려 반대로 결심했다. 단칸방을 보고 인택과 결혼해야겠다고 다짐했다. 인택은 부잣집 아드님도 아니고 가난한 집에 살고 있었다. 그럼에도 결혼을 결심한 건 단칸방에 살면서도 네 가족이 화목하고 행복했기 때문이다.

어머님과 아버님은 인택 앞에서 단 한 번도 싸운 적이 없다고 하셨다. 가정의 화목은 돈 주고도 얻을 수 없는 가치다. 내가 어딜 가서 돈 없이도 행복하게 사는 사람들을 만날 수 있을까. 세상에 이런 사람들이 몇 퍼센트나 될까. 어머님의 양육관을 듣고 한 번 더 놀랐다.

"내 아들이라고 생각하면 잘못했을 때, 뺨을 한 대 때려주고 싶지만, 하나님의 아들이기 때문에 나는 단 한 번도 그렇게 하지 않았다."

인택, 그리고 인택의 부모님은 정말로 좋은 분이셨다.

있다가도 없고 없다가도 있는 게 돈이다. 돈이 없어도 나를 사랑해주고, 나와 행복할 수 있는 사람을 골라야 한다. 부잣집은 내가 인택과 함께 만들어가기로 했다. 나의 남편 '인택'을 만난 지 올해로 10년이 되었다. 연애 4년, 결혼 후 6년을 살고 있다. 연애 4년 중 2년은 군 입대로 떨어져 지내야 했다. 사람들은 그 기간 동안 내가 절대로 인택을 못 기다릴 거라고 생각했다.

하지만 군대마저도 우리 사이에는 전혀 문제가 되지 않았다. 그와 함께하는 매순간 진심으로 행복했기 때문이다. 함께 있으면 즐겁고 편했다. 봐도 또 보고 싶었다. 대화를 수없이 나눠도 또 나누고 싶었다.

내가 지금 멋진 여성 피트니스 전문가가 된 것도, 철학이 단단한 인간으로 성숙한 것도, 모두 그 사람 덕분이다. 천생연분 인택에게 결혼해 줘서 정말 고맙다는 말을 전하고 싶다.

배우자 선택은 긴 시간을 투자해서 고민할 만큼 아주 가치 있는 일이다. 그러니 독자 분들도 이상형을 적어서 좋은 배우자를 만나길 진심으로 바란다.

여성 전용 피트니스 센터를 하면 정말 망할까?

02

트레이너 초창기에는 남여 공용 센터에서 일했다. PT 고객 대부분은 여성이었다. 여성 고객은 여자 선생님에게 PT를 받고 싶다는 요청을 자주 했다. 보통 신규 회원이 등록하면 트레이너들에게 오리엔테이션 수업이 공평하게 배정된다. 그렇지만 여자 선생님의 수요가 워낙 높다 보니, 나는 압도적으로 많은 오리엔테이션을 진행할 수 있었다.

예를 들어, 같은 시기에 입사한 남자 선생님은 한 달에 4~5명 정도, 나는 한 달에 2배 이상인 10명씩 배정 받았다. 처음에는 노력 없이 매출을 달성할 기회가 생겨서 마냥 기분이 좋았다. 여성 고객들이 여자 선생님을 원하는 건 같은 여자니까 편해서 그런 거겠지 하면서 대수롭지 않게 넘겼다.

'그런데 진짜 왜 여성 회원들은 여자 선생님에게 PT를 받으려고 하지?'

어느 날 이 당연한 사실을 천천히 곱씹어보았다. 어쩌면 당연하지 않겠다는 직감이 들었다. 여성 회원들 한 분 한 분에게 직접 물어봤다. 90%가 동일한 답변을 해주셨다.

"회원님, 왜 여자 선생님에게 PT 받고 싶다고 하셨어요?"

"선생님이 같은 여자여서 편하고 여자 몸을 더 잘 알 것 같아서요."

'여자가 여자 몸을 잘 알 것 같아서요.'

이게 핵심이었다. 번개처럼 깨달음이 왔다. 회원들의 인터뷰를 통해 내가 앞으로 무엇을 할지 아주 명확해졌다.

그동안 나는 여자이지만, 여성의 몸을 잘 이해한다고 할 수는 없었다. 그런데 만약 '내가 여자 몸을 잘 안다면 이 분야에서 독보적인 존재가 되겠구나! 크게 성공할 수 있겠구나' 인생의 해답을 찾은 기분이었다.

가까운 동료, 가족, 주변 사람에게 '나는 이제부터 여성 전문 트레이너가 될 거야.' 하고 포부를 밝혔다. 100% 무조건 성공한다는 확신에 찼다. 그런데 나와 가장 오래 붙어 있는 동료 트레이너 일명 '오빠 트레이너'들이 찬물을 끼얹었다.

"가희야, 세상에 남자가 반 여자가 반인데, 여자만 트레이닝해서 성공할 수 있겠어?"

대답할 수 없었다. 타당한 반문이었다. 약간 흔들렸다. 그래서 나는 여성 전문 트레이너가 되어야겠다는 마음만 먹고, 본격적으로 행동하지 않았다.

나는 트레이너로서 미국 퍼스널 트레이닝 자격증을 취득했다. 바디 프로필도 찍으며 내 몸으로 트레이닝 결과를 증명했다. 하지만 이건 트레이너들이 일반적으로 하는 자기계발이었다.

'나는 여성 전문 트레이너가 되고 싶은데….'

혼자서 공부하는 거 말고 뭐부터 해야 하나? 어떤 변화가 내게 필요할까. 환경을 바꿔야겠다는 생각이 들었다. 죽이 되든 밥이 되든 일단 여성 전문 피트니스에 가면 답이 나올 거라 생각했다. 막상 이직을 염두에 두니 두려움이 커졌다.

'지금처럼 많은 매출을 못하면 어떡하지?'

'내 예측과 다르면 어떡하지?'

별의별 생각이 들었다. 고민하는 시간이 길어졌다. 그러던 어느 날 결심을 행동으로 바꾼 깨달음의 순간이 왔다. 평소처럼 수업을 하면서 회원 목록을 살펴보는데 회원 90%가 '여성'이었다. 누군가 내 양 뺨을 찰싹 때리는 충격이 왔다.

'남여 공용 센터에서도 여성 회원만 관리하는데, 여성 전문 피트니스에 가서 못할 게 뭐가 있어?'

'뭐든지 할 수 있다'는 정신이 발휘되고 있었다.

'그래 도전해보자. 직장을 옮기자. 나는 여성 피트니스 전문가가 될

수 있다!'

드디어 이직을 행동으로 옮겼다. 여성 전문 피트니스에 입사했다. 그때부터 퇴로가 없다는 생각으로 여성 전문 트레이닝만 보고 달렸다. 그랬더니 입사한 지 한 달 만에 놀라운 경험을 했다. 전 지점 트레이너 매출 1등을 한 것이다. 좋은 결과를 내고도 황당했다. 왜 이렇게 매출이 잘 나오는지 이유를 알 수 없었기 때문이다.

시간이 좀 흘러서야 왜 내가 1등을 하게 되었는지 알 수 있었다. 다이어트와 체형교정을 원하는 20~30대 여성만 집중적으로 상담했기 때문이다. 비슷한 나이대와 니즈를 가진 고객들을 상담할 때 대화 흐름이 대체로 비슷하다. 회원들에게 보여드리는 시각 자료도 유사하다. 상담을 수차례 반복하면서 세일즈 과정이 숙달되었다. 그렇게 나는 고객에게 더 자신 있게 PT를 권유하고 등록을 이끌어냈다. 이직하기 전까지 여성 트레이닝만 고집하면 망할 수도 있다는 불안감이 있었지만, 막상 와보니 20~30대 여성은 나에게 아주 적합한 고객이었다. 그 후로 나는 월 1,000만 원 트레이너, PT팀장, 센터 지점장, 전 지점 총괄 교육 매니저로 초고속 승진을 했다.

의외로 소소한 일상에서 답을 얻을 때가 있다. 어제와 똑같은 오늘, 거기에 인생의 키가 숨겨져 있을 수 있다. 찾고자 마음먹은 사람에게 답이 보이는 법이다.

03

평생직장을 꿈꾸다 사업을 하기로 결심한 이유

한때 평생직장을 꿈꿨다. 그러던 어느 날 사업을 하기로 결심했다. 계기가 무엇이었을까? 여성 전문 피트니스에서 일을 하면서 엄청난 성장을 이뤘다. 트레이너에서 센터를 운영하는 지점장으로까지 발전했다. 지점장에서 전 지점 트레이너를 총괄하여 교육하는 교육 매니저로 퀀텀 점프까지 했다.

20대 직장인이었던 내 관심사는 오로지 '성장'이었다. 나는 성장에 미쳐 있었고 대표님이 가라고 말씀하신 지점은 이유 불문하고 어디든 갔다. 서울대점에서 시작했지만, 지점장 결원이 발생하면 신림점, 홍대점, 광명점, 대치점, 구의점 어디든지 달려가서 회사를 관리하고 매출을 정상화시켰다. 새로운 관리자를 '나'처럼 지점장으로 만들고, 다시 본사로 복귀했다. 이런 일을 반복했다.

내게는 매일이 즐거운 경험이고 도전이었다. 당시 회사는 전국 50개 지점으로 확장을 준비하고 있었다. 나는 전 지점 트레이너 교육, 세일즈 관리, 관리자 양성 교육을 도맡았다. 덕분에 다양한 상권에서 일할 수 있었다. 여러 지역을 돌아다니며 다양한 여성 고객을 상담했다. 수백 명의 트레이너 선생님들을 가르치며, 유능한 트레이너의 자질을 파악하는 통찰력도 기르게 됐다. 대표님께서는 새로운 지점을 오픈할 때 센터에 필요한 기구를 세팅할 수 있는 권한까지 주셨다.

이렇게 경험치를 쌓지 못했다면 내가 창업할 수 있었을까? 쉽지 않았을 것이다. 그런 회사를 그만둔 이유는 몸이 아파서였다. 몸이 아플 만큼 마음의 고민이 있었다. 대표님께는 솔직하게 말씀드리지 못했다. 특히 내가 가장 잘 보이고 싶은 대상이었기 때문에 마음을 터놓기 어려웠다.

당시 본사에는 대표님, 부장님, 차장님, 그리고 과장인 내가 핵심 인력으로 있었다. 4명에서 6개 지점을 운영하기 위해 엄청난 업무량을 소화해냈다. 밤낮없이 일해서 회사는 급성장했다. 보통 10시간 이상 일했다. 심지어 직원들에게 모범을 보이기 위해 그들보다 10배는 깨끗이 청소하려고 했고, 회원이 센터에 입장할 때마다 가장 큰 목소리로 환영 인사를 했다.

"혹시 여기 사장님이세요?"

"아닙니다. 직원입니다."

내가 회원들로부터 자주 듣고 답한 말이다. 너무 열심히 인사하고 청소해서 나를 사장으로 착각하는 분들이 있었다. 회사가 나인지, 내가 회사인지 모를 정도로 일했다. 매번 체력이 방전되었다. 반면에 올림픽 선수들이 훈련할 때 체력의 한계를 뚫고 발전하는 것처럼 역량도 점차 높아졌다.

계속 발전하고 시도하고 도전하고 싶었다. 그럴 때마다 안정적인 성향을 가진 상사와 부딪히기 일쑤였다. 지금 생각해보면 반대 성향을 가진 상사와 치열하게 논쟁했기에 회사가 더 잘된 거였다. 하지만 당시에는 내 앞길을 가로막는다고 느껴졌다. 그리고 상사는 매출로 결과를 증명한 적이 없었기 때문에 존경하지 않았다.

심지어 '내가 상사의 직책을 맡는다면, 더 잘할 수 있을 텐데'라는 생각까지 했다. 상사와 나는 화합하지 못했다. 대표님께서도 적잖게 걱정하셨을 것이다. 임원들이 합심해서 회사를 키우는 데 전념해도 모자를 판에 대치하고 있으니 말이다.

회사가 커질수록 상사 한 분과 감정적으로 부딪히는 날이 늘어났다. 그분은 본사 조직원들이 모인 곳에서 대표님이 없는 날에 나에게 소리 지르며 화를 낸 적이 있다. 군기를 잡는 것처럼 말이다. 그 일은 지금껏 내 인생 유일한 역린으로 꼽힌다. 위계 서열을 다지기 위한 감정적인 행동은 나에게 분한 감정을 잊지 않고 갚아주고 싶어서 더 열심히 살게 했다.

그 일이 있고 1년 후에 나의 감정이 극에 달해서 몸이 아프기 시작했다. 상사와 한 공간에서 숨을 쉬는 것조차 싫었다. 대표님과 면담했더니, 나에게 헬스장 브랜드를 따로 만들어줄 테니 나눠서 해보자고 제안해주셨다. 그 말이 감사하면서도 서운했다. 그가 여전히 회사에 존재하는 한, 새로운 헬스장 브랜드를 열심히 키워도 사업이 커지면, 다시 그 상사와 일해야 할 것만 같았기 때문이다. 그와 엮이는 건 털끝만큼도 싫었다.

"대표님 그를 해고하시고, 저랑 일하시죠."라고 말씀드리고 싶었지만, 끝내 하지 못했다. 그래서 속병이 났다.

병가를 내고 혼자 생각할 시간을 가졌다. 아쉬움, 서러움…, 여러 감정이 휘몰아쳤다. 눈물이 흘렀다. 회사에 뼈를 갈아 넣어도, 대표님의 넘버 투는 될 수 없겠다는 생각을 했다. 한편으로는 대표님 입장도 이해됐다. 모두 소중한 최측근인데 누구를 버릴 수 있을까? 그래서 나는 넘버 투가 아닌 넘버 원, 스스로 대표가 되는 길을 선택했다. 이게 내가 퇴사한 이유다.

그리고 이직이 아닌 사업을 선택한 건 직장에서 끝없는 성장을 했기 때문이다. 트레이너부터 팀장, 팀장에서 지점장, 몇 개 지점을 관리하는 일까지 전부 해낼 수 있었기에 창업에도 자신이 있었다. 모든 포지션의 일에 능숙하니, 처음 사업을 했지만 좋은 성과를 거둘 수 있었다.

사업을 하기 전에 우선 직장 생활에 충실해야 한다. 그럼 직장에서는 어떻게 높은 자리를 얻을 수 있을까? 회사에서 주어진 일을 '성장을 위한 도전'으로 받아들이자. 나와 비슷한 시기에 입사한 직원 중에 만년 주임으로 남은 분들이 있었다. 그분들은 새로운 일이 주어지면 '회사가 나를 뽑아먹으려 한다, 이용하려고 한다.'고 불평불만을 늘어 놓았다.

회사와 나는 비즈니스 관계다. 비즈니스는 윈윈할 때 지속될 수 있다. 회사가 '갑' 직원이 '을'일지라도 얼마든지 윈윈할 수 있다. 내가 탁월하게 잘하면, 회사는 그만큼의 보상을 제공한다. 못하면 당연히 그에 어울리는 돈만 받을 수 있다.

여러분은 회사가 나에게 주는 일을 성장을 위한 발판으로 받아들이고 멋진 결과를 만들기를 바란다. 결국 여러분이 원하는 최고의 자리까지 가게 될 것이다. 오늘 나에게 주어진 일을 나를 위한 '도전'으로 받아들일지, 나를 뽑아먹는 '이용'으로 받아들일지 스스로 선택하는 거다. 그 선택에 여러분의 성장이 달려 있다.

04

승승장구,
클레어 피트니스
1호점에서 3호점까지

20대 길었던 직장 생활을 마치고 30살에 사업의 길로 들어섰다. 나의 꿈인 여성 전문가로 이뤄진 여성운동센터 창업은 '클레어 피트니스'를 통해서 현실로 펼쳐졌다.

사업을 하니 결정할 게 유난히 많았다. 센터 이름을 고르는 데만 수 개월을 고심했다. 직장은 보고의 연속인데, 사업은 결정의 연속이었다. '내 선택이 실패하면 어떡하지?' 두려움이 올라올 때면 기도하면서 오늘 할 일에 매진했다. 헬스장 사업은 초기 투자금이 많이 필요하다. 내가 생각한 규모의 헬스장을 열려면 최소 2~3억 원이 필요했다. 혼자서는 어렵다고 판단했다.

'누구와 사업할 것인가?'

스스로에게 던진 질문이었다. 다행히 함께 일하고 싶은 사람이 5명이나 있었다. 전 회사에서 만났던 친한 친구, 동생 3명을 찾아가 동업을 제안했다.

"6000만 원을 투자하면, 1년 안에 다 회수하게 해줄게. 나와 사업해 보자."

감사하게도 다들 흔쾌히 수락했다. 모두 처음 사업이다 보니 인테리어 공사를 몰라서 속을 끓였지만, 우여곡절 끝에 2019년 1월 1일 클레어 피트니스 이수역점을 오픈했다. 직장인에서 사업가로 정체성이 변한 순간이었다.

클레어 피트니스는 이름 하나하나에 의미와 정성 그리고 회원에게 최선을 다하겠다는 의지를 담았다. '클레어 피트니스'는 남편이 지어준 이름이다. 남편은 창의성이 뛰어나서 작명을 잘한다. 여성들을 위한 그룹 운동에는 '투게더 레슨', 1:1 여성 전문 트레이닝에는 '프라이빗 레슨'이란 이름을 지어줬다. 프라이빗 레슨을 PT라고 부를 수 있지만 그렇게 하지 않았다.

기존 PT와 차원이 다른 고객 만족을 주고 싶었기 때문이다. 나는 이름과 언어의 의미를 중요하게 생각한다. 고객들이 PT에서 느꼈던 불편한 감정을 떠올리게 하고 싶지 않았다.

'클레어'는 프랑스어로 '밝은'이란 뜻이다. 클레어를 방문하는 모든 고객들이 밝은 에너지를 얻어갔으면 하는 바람을 담았다. 그래서 항상 밝게 인사하고 웃으며 가르쳐드리고 회원 분들이 떠날 때까지 환한 얼굴로 배웅했다.

내가 창업한 센터 반경 1km 안에는 헬스와 필라테스 사업장이 20개가 넘었다. 헬스장 오픈만으로 사람의 이목을 끌 수 없다.

'세상에 헬스장은 차고 넘치는데 무엇으로 차별화할 것인가?' 우리 센터로 와야 하는 뾰족한 이유가 필요했다. 내가 선택한 방법은 '하이 퀄리티' 전략이었다.

우리 피트니스 업계에는 아직도 무자격자 트레이너가 많다. 그래서 고객들이 PT를 받을 때 검증된 선생님을 선호한다는 사실을 알고 있었다. 클레어 피트니스 선생님들은 일반 트레이너와 레벨이 달라야 했다. 고객들이 PT를 배우고 싶게끔 전문성이 압도적으로 좋아야 했다. 그래서 7년 이상 경력을 갖춘 전문가를 팀원으로 뽑았다. 게다가 모든 선생님이 미국 공인 여성 피트니스 전문가 자격NASM-WFS을 갖추었다.

전문성에 완벽을 추구했더니 대한민국 최초 미국 공인 여성 피트니스 전문가로 구성된 여성 운동센터가 탄생했다. 이것을 '클레어 피트니스'만의 차별점으로 삼고 마케팅을 시작했다. 일하는 모습을 영상으로 찍어서 SNS에 널리 알렸다. 그 결과 투게더 레슨, 프라이빗 레슨도 등록하려면 몇 주 동안 대기할 정도로 고객들이 미친 듯이 몰려왔다.

1호점이 성공해서 기분이 좋았다. 하지만 잘 되는 만큼 동업자들과 함께 결정해야 할 일이 늘어났다. 어떤 기준으로 사람을 뽑고 관리할지, 2호점은 어떻게 오픈할지 등등. 결정할 사안이 많아지고, 대화를 자주할수록 의견 일치를 보는 게 얼마나 어려운지 뼈저리게 느꼈다. 모두가 언니 동생하는 친한 관계였기 때문에 의견이 틀어지면 감정이 상하곤 했다. 결국 마지막 동업자 회의 날에 내가 말했다.

"서로 잘해보자고 능력 좋은 4명이 모였는데, 이제는 각자 다른 마음을 품고 있는 것 같아. 서로의 에너지가 그만 낭비되도록 좋은 방향을 찾아보자. 내가 대표로 계속 회사를 운영해주길 바란다면 너희가 나가는 게 좋을지, 아니면 내가 나가고 너희가 남아서 회사를 잘 키우는 게 좋을지…."

그렇게 동업 1년 만에 관계를 정리하게 됐다. 클레어 피트니스는 최종적으로 내가 리더로 남았다. 동업자들이 너무 미웠다. 배신감을 느꼈다. 끔찍하게 좋아했던 만큼 미움도 컸다. 하지만 지금 돌이켜보면 내가 너무 미성숙한 리더였다.

세상에 내 마음대로 되지 않는 사람이 누구인가? 가까운 사람이다. 세상에서 제일 내 편을 들어줘야 할 사람이 내 편을 들지 않으면 불같이 화가 나곤 한다. 내게 동업자들은 가장 가까운 존재였다. 그들이 내 입장을 이해 못하면 억울하고 참을 수 없는 분노가 올라왔다.

책을 쓰고 있는 지금 시점에서 나는 더 이상 그들을 미워하지 않는다. 단지 친한 지인들과 동업이란 상황이 갈등을 만들었기 때문이다. 요즘도 가끔 동업자들을 만난다. 현실이 아닌 꿈속에서. 그곳에서 나는 잘 지냈냐며 회포를 나눈다.

하지만 현실에서는 아직 연락할 용기를 못 내고 있다. 이 책을 빌어서 그들에게 '함께해줘서 고마웠다고, 많이 사랑했고, 그리고 상처준 모든 것이 미안하다고' 말하고 싶다.

'좋은 회사에서 위대한 기업으로'

남은 직원들과 새롭게 회사의 비전을 세웠다. 미친 듯이 사업에 전념했다. 1호점이 3호점까지 확장되었고 직원 수는 30명 규모가 되었다. 지점장도 생기고 직원들이 승진하기 시작했다. 꿈꿔왔던 리조트로 전 직원 워크숍도 가고, 2021년 코로나로 힘든 시기를 겪었지만 '클레어 피트니스'는 연매출 10억을 달성했다.

창업 2년 만에 소상공인이 아닌 소기업을 만들 수 있었다. '많은 여성들을 건강하게 만드는 위대한 기업' 2021년에 나는 그 꿈을 드디어 이뤘다. 클레어 피트니스는 승승장구했다.

05

코로나로
영업정지라니,
피가 마르는 6주

마스크를 끼고 러닝머신 위를 달리는 사람들. 꿈에도 상상치 못한 현실이 펼쳐졌다. 2020년 코로나를 기점으로 세상이 180도 바뀌었다. 마스크를 끼고 운동하면 마스크를 쓰지 않던 일상의 소중함을 느끼게 된다.

나 같은 피트니스 사업가는 코로나 시기에 살얼음판을 걷는 기분이었다. 코로나가 터진 초반에 정말 두려웠다. 확진자가 나온 영업장은 2주일간 문을 닫아야 했다. 문을 닫는 건 고사하고, 동네에서 생매장 당하는 수준이었다. 한번은 근처 병원에서 확진자가 나왔다. 소문이 온 동네에 퍼져서 고객들의 발길이 뚝 끊겼다. 어쩔 수 없이 폐업하고 상호명과 전화번호까지 바꿨다.

나라에서는 매일 재난 문자가 왔다.

[○○미용실 확진자 3명 발생, 방문자는 가까운 보건소에서 코로나 19 검사를 받으시기 바랍니다.]

문자가 울릴 때마다 심장이 옥상에서 지하로 추락하는 것 같았다. 센터에도 확진자가 생길까봐 전전긍긍했다. 애지중지 키워온 사업이 코로나라는 불가항력 때문에 순식간에 망할 수도 있다는 불안감이 있었다. 재난 문자가 올 때마다 나는 발작을 일으켰다.

매일 두려움에 몸부림쳤다. 가까스로 힘을 낼 수 있던 건 소중한 회원님들 덕분이었다. 실내에서 코로나가 잘 걸린다는 이야기 때문에 신규 회원 문의가 절반으로 줄었다. 하지만 클레어 피트니스 기존 회원들은 마스크를 끼고 PT를 받으러 나와주셨다.

회원님들은 나와 선생님들이 좌절하지 않도록 응원을 보내준 가장 든든한 지원군이었다. 클레어 피트니스 회원님들은 코로나 문제로 환불한 비율이 5%도 되지 않는다. 믿고 기다려준 회원님들 덕분에 해야 할 것에 집중할 수 있었다.

온라인으로 라이브 PT를 진행하고, 회원님 집에 찾아가는 방문PT를 했다. 갖은 노력을 기울이며 2~3개월만 지나면 풀리겠지라는 희망의 끈을 놓지 않았다.

예상과 달리 상황은 악화되었다. 뉴스에서 '에어로빅 단체 코로나 확진'이 이슈가 되었다. 실내 체육시설의 그룹 수업이 방역지침의 일

환으로 모두 금지되었다. 클레어 피트니스의 꽃인 '투게더 레슨(그룹운동)'도 지속할 수 없게 되었다. 감사하게도 대부분 회원님은 환불보다 PT수업으로 전환하는 결정을 해주셨다.

그룹 수업은 당시 매출 40%를 차지했는데, 이 부분을 타의로 포기해야 했다. 이런 상황이 올 거라곤 꿈에도 상상할 수 없었다. 어쨌든 나는 사장으로서 굳세게 헤쳐나가야 했다. 우리 센터에 제발 확진자가 나오지 않기를 매일 간절히 기도하며 잠들었다. 심지어 확진자 메시지를 받는 핸드폰이 울리는 악몽을 꾸기도 했다.

바람과 달리 상황은 최악으로 치달았다. 뉴스에서 실내 체육시설 감염자가 발생하고 있다는 기사가 연이어 터졌다. 며칠 후 실내체육시설 영업정지 지침이 내려왔다. 첫 2주 영업정지는 '하나님께서 내가 너무 고생하니까 휴가를 다녀오라고 하시는가보다.' 하고 생각했다. 다행히 비상사태를 대비해 회사에 모아둔 돈이 있었다. 2주를 쉬더라도 월세를 낼 수 있고 직원들 월급도 줄 수 있었다.

하지만 엎친 데 덮친 격으로 2주 영업정지가 끝나고, 헬스장을 밤 9시까지만 운영하라는 방역지침이 내려왔다. 나라에 도움이 된다면 따라야지 하는 마음으로 정직하게 사업을 운영했다. 4개월, 5개월이 지났다. 곧 끝날 거라고 생각한 코로나는 종식될 기미가 보이지 않았다. 눈앞이 캄캄했다.

그러던 어느 날 2020년 12월 나라에서 집합금지 명령을 발동시켰다. 날짜도 정확히 기억난다. 12월 8일부터 센터를 닫아야 했다. 그것도 3주간이나 날벼락 같은 소식이었다. 급격한 매출 감소로 모아둔 돈도 바닥이 났다. 월세나 직원들 월급 줄 돈도 떨어졌다. 건물주에게 사정을 얘기했으나 그분도 힘든 건 매한가지였다.

3주간 집합금지 명령 발표가 난 게 12월 6일 저녁, 마지막 매출을 낼 수 있는 24시간이 주어졌다. 이 안에 어떻게든 직원들과 회사를 살릴 돈을 마련해야 했다. 회원님과 회사가 모두 윈윈 할 수 있는 방법이 뭘까? 고심 끝에 내린 결론은 PT 공동구매였다.

평소보다 할인된 PT 금액으로 회원들에게 판매하는 방식이었다. 클레어 피트니스는 창업 이래 한 번도 PT 가격을 인하한 적이 없었다. 한편으로는 걱정도 되었다. 코로나 시기에 먹튀하는 줄 알고, 저렴한 가격에도 등록하지 않을 수 있기 때문이다. 게다가 PT를 등록해도 집합금지가 끝난 3주 뒤에나 PT를 받을 수 있었다.

그럼에도 내가 할 수 있는 최선의 묘책이었다. 영업을 종료해야 하는 밤 9시까지 딱 5시간 남아 있었다. 전 직원에게 공지를 내렸다. PT 공구 소식을 회원들에게 알려서 영업 종료 전까지 최대한 매출을 많이 올려달라고. 나도 전체 문자를 회원들에게 보냈다. 그동안 저희 클레어 피트니스 팀을 믿어주셔서 감사하다는 말과 최초로 PT를 할인된 금액으로 등록할 수 있는 혜택을 드린다는 것까지.

결과가 어땠는지 궁금하지 않은가? 놀라운 일이 일어났다. 센터에 계신 회원 분들에게 말씀드리니 그 자리에서 결제해주셨다. 문자를 받은 회원 분들은 계좌이체로 돈을 부쳐주셨다.

"대표님! 클레어 피트니스는 잘 될 수밖에 없어요, 힘내세요."
"대표님 제가 50회 결제 할게요. 이런 곳이 잘되어야 해요."

회원 분들이 돈을 보내주시면서 해주는 말씀 한 마디, 응원 한 문장이 코끝을 찡하게 했다. 우리 클레어 피트니스 팀은 5시간 동안 총 1,400만 원 매출을 달성했다.

'어려운 시기에 회원 분들도 우리 팀을 믿고 이렇게 많은 PT를 등록해주시다니…,'

회원들이 보내준 사랑이 느껴지고, 신경 써주시는 따뜻한 마음에 감격스러워 눈물이 났다.

회원 분들의 성원에 12월 월세와 직원들 급여를 지급할 수 있었다. 어려운 상황이 닥치니 그동안 우리가 얼마나 회원 분들과 돈독한 관계를 쌓아왔는지 새삼 알게 되었다. 한없이 감사했고, 믿어주신 마음에 보답하리라 다짐했다. 이 사업을 시작한 이유도 회원 분들이고, 다시 일어설 힘을 주신 것도 회원 분들이다.

3주 후, 우리는 수업할 날만 손꼽아 기다렸다. PT 예약을 잡아두었는데 12월 27일, 집합금지를 연장한다는 절망적인 소식이 날아왔다. 그날 이후 나는 민주당사 앞에 처절한 시위를 하러 나갔다.

집합금지 6주 만에 드디어 영업중지를 풀 수 있었다. 2020년은 정말 피가 마르는 한 해였다.

06

눈물을 머금고
1호점 이수역점을
정리하다

이수역점이 몇 개월째 이익이 나지 않았다. 직원이 9명이나 있어서 월급을 주지 못할까봐 걱정되었다. 지출이 크다보니 건대 지점에서 벌어들인 돈으로 이수역점 세금을 내기도 했다. 겉으로는 여전히 사업이 잘되었다. 여성 전문 센터로 이수역점을 4년째 운영하면서 고객들도 많아졌다. 기존 선생님들 수업도 정말 많아서 PT를 받기 위해 4~8주나 대기할 때도 있었다.

그래서 다들 왜 잘나가던 센터를 정리했는지 묻곤 한다. 사업에서 전진만 해온 내가 왜 일보 후퇴를 선택했는지, 그 이유를 솔직하게 고백하겠다.

첫 번째 이유는 나의 모든 것을 올인해서 갈아넣어야 센터가 돌아갔기 때문이다. 주말에도 조금의 여유 없이, 영혼까지 쏟아부어야 센터가 돌아갔다. 나는 업장을 운영하는 동안, 코로나에 한 번도 걸리지 않았다. 아픈 것도 사치였다. 조선시대 노비처럼 밭일하는 기분으로 쉼 없이 허리 숙여 일했다.

나의 사업 원칙은 '최소 투자, 최고 효율'이다. 4년 동안 부지런히 노력했지만, 최소 투자라는 전제가 이뤄지지 않았다. 나를 대신할 사람을 만들어야 했는데 그러지 못했다. 하지만 첫 사업이었기에 포기하고 싶지 않았다. 다른 사업에 도전한다는 게 두렵기도 했다. 조금 더 노력하면 잘 풀릴 것 같은 느낌이 있었다. 이성적으로는 다른 사업으로 전환하는 게 좋다고 생각하면서도, 관성적으로는 안전한 선택을 했다.

두 번째 이유는 인재 채용 문제를 해결할 수 없었다. 그 시절을 회상하면 '늪'이라는 표현이 떠오른다. 사람을 뽑으면 나가고 키우면 나갔다. 아마 많은 사장님이 똑같이 골머리가 썩는 문제일 것이다. 센터는 인력 기반 사업이다. PT 매출이 대부분인데, 선생님이 이직하면 환불 리스크가 터진다. 재등록 매출 또한 선생님마다 편차가 심하다.

나에겐 최고의 여성 피트니스 전문가 집단을 만들겠다는 원대한 목표가 있었으나 클레어 피트니스에서 실패했다. 동료로서 여성 전문 트레이닝 자체를 순수하게 좋아하고 즐기는 사람들이 더 많아야 했다. 그래야 이 분야를 연구하고 발전시킬 수 있다. 하지만 회사에는 의무적으로 하는 사람이 다수일 수밖에 없다. 좋은 퍼포먼스가 나오기 어려운 부분이었다.

이번 일을 계기로 여성 전문 트레이닝 분야를 진심으로 좋아하는 사람을 선발하는 게 먼저라는 사실을 깨달았다. 당시에는 내가 능력이 부족해서 좋은 사람을 발굴해 교육하고 센터까지 운영하는 건 어렵다는 판단이 들었다. 센터는 언제든지 다시 차릴 수 있으니 교육에 집중해야 한다는 결론을 내렸다. 그렇게 대한여성트레이닝학회 KWTA 사업을 시작했다.

센터를 정리한 진짜 이유는 세 번째가 가장 크다. 그동안 앞만 보고 달려왔다. 가족을 돌볼 겨를도 없었다. 가족한테 오랜만에 연락이 와도 예민하게 반응했다. 바쁘게 지내던 어느 날 한번은 아빠에게 전화가 왔다.

"가희야, 아빠가 나이를 먹었는지 변이 잘 안 나와서 화장실을 하루에 얼마나 많이 가는지 몰라."

불편하다면서 병원에 가지 않는 아빠한테 잔소리를 늘어놓았다.

"빨리 병원 가보세요. 불편하게 왜 그러고 계세요."

20년 동안 잔병치레 한 번 없던 아빠는 나이가 들어서 그런 거라고 대수롭지 않게 말씀하셨다.

그렇게 미루다가 너무 아프셨는지 "이제 검사 한 번 받아볼까?"라고 전화로 물어보셨다. 변에서 피가 섞여 나온다며 진짜 걱정이 되었던 것이다. 아빠는 오랜 기간 참다가 그제야 병원에 가셨다.

별일 아니길 바라며 아빠에게 전화를 걸었는데, 충격적인 소식을 들게 되었다.

"가희야, 아빠 직장암 4기래."

전화기 너머로 떨리는 목소리가 들렸다. 머릿속이 새하얘졌다. 무슨 말이라도 해야 할 것 같았다.

"아빠! 요즘 암 환자 너무 많아서 다 낫는데! 그러니까 걱정하지 마. 치료 잘 받으면 아빠 나을 수 있어! 그러니까 우린 괜찮아. 괜찮을 거야, 아빠."

집으로 돌아가는 차 안, 운전석에서 다리가 풀려버렸다. 참을 수 없는 슬픔이 밀려왔다. 핸들에 머리를 감싸쥐고 얼마나 울었는지 모른다.

'나는 그동안 무엇을 위해서 이렇게까지 열심히 일한 걸까.'

답을 할 수 없었다. 아무것도 이루지 못하고, 소중한 사람을 지켜내지도 못한 기분이 들었다. 처음에 아빠가 아프다고 했을 때, 같이 병원에 갔다면 어땠을까. 시간을 돌이키고 싶었다. 바보같이 과거를 후회했다. 매일 밤마다 '하나님, 제발 우리 아빠 낫게 해주세요.' 간절히 기도했다.

12월 25일 아빠는 서울아산병원에 암수술을 위해 입원했다. 간호사에게 연락이 왔다.

"환자 분, 상황이 많이 안 좋습니다. 암이 간과 전립선, 장, 다른 장기에까지 퍼져 있습니다. 최선을 다하겠습니다."

10시간이 넘는 첫 수술, 10년처럼 길게 느껴졌다. 예정된 수술 시간이 늘어날수록 무기력한 상황에 입이 바짝 마르고 일이 손에 잡히지 않았다. 다행히 수술이 잘 끝났다고 간호사에게 연락이 왔다. 아빠가 죽는다고 생각하니까 사업을 놓는 게 아무 것도 아니게 되어버렸다. 아빠가 나에게 얼마나 소중한 사람인지 깨달았다.

절망적인 상황 속에서 정말 다행인 게 있었다. 내가 한평생 건강 전문가로 살아온 사람이라는 것, 아빠를 건강하게 만들 수 있는 지식과 방법이 있다는 것이었다. 그때 나는 처음으로 사업을 잠시 내려놓겠다고 결심했다. 그리고 일할 시간을 빼서 아빠를 돌보았다.

한 달에 한 번 아빠와 공기 좋은 곳으로 여행도 다니고, 호흡하는 법, 걷는 법 등을 차근차근 알려드렸다. 음식도 건강하게 비타민 미네랄까지 계산해서 잘 챙겨 드시게 했다.

아빠가 죽을 고비를 넘기고, 암은 기적처럼 거의 나았다. 덕분에 우리 가족은 감사하게도 사랑한다는 말을 오늘이 마지막인 것처럼 자주 하면서 지내고 있다.

여러분에게 꼭 해주고 싶은 말이 있다. 성장과 성공도 중요하지만, 가장 중요한 건 가족이다. 일이나 사업 때문에 나처럼 가족을 한동안 외면해온 분들이 계시다면, 오늘부터 진짜 나를 위한, 가족을 위한 후회 없는 선택을 해보길 바란다.

첫 사업 실패로
얻은
인생 교훈

07

이수역점 폐업, 수년이 지났지만 지금도 당시를 떠올리면 가슴이 쓰라리다. 클레어 피트니스 이수역점은 사업을 시작하고 내가 경험한 첫 실패였다. 오래오래 팀원들과 사업을 잘 하고 싶었는데 뜻대로 되지 않았다.

나는 사업을 하면서 다짐했다. 직원들에게 멋진 대표, 상식적인 대표, 나아가 존경받는 대표가 되겠다고. 그럼 어떻게 해야 사업을 성공시키는 CEO가 될 수 있을까? 이 문제를 항상 고민했다. 성공한 CEO들을 연구해보면 'N번 사업 실패 끝에 드디어 성공했다'는 스토리가 공통적으로 등장한다. 나도 첫 사업부터 바로 성공하리라고 기대하진 않았지만 '쓰라린 실패'가 현실로 일어났다.

책에서 보던 '사업 실패'를 막상 겪어보니, 몸도 마음도 너덜너덜해졌다. 실패 직전까지 정말 정신없이 일만 했다. 눈앞에 당면한 불을 끄는 소방수처럼 일에 몰두했다. 거시적인 관점에서 관찰할 여유는 없었다. 실패가 확정되고, 그제야 '왜 이 사업이 실패했는지?' 되돌아볼 수 있었다. 누군가 나의 실패담을 듣고, 성장의 양분으로 삼을 수 있기에 뼈아픈 교훈을 글로 남긴다.

실패하고 2년이 지난 지금, 무너진 이유를 한 가지 깨달았다. 나의 CEO로서 부족한 리더십 때문이었다.

'김가희는 어떤 리더였나?'

부끄러운 말이지만 우유부단한 리더였다. 나에게는 엄했지만 직원들에게는 쓴소리를 하지 못했다. 칭찬과 격려는 곧잘 했지만, 직원들이 잘못했을 때 단호하게 대처하지 못했다. 당근과 채찍을 적절하게 사용하고 싶었지만, 실상은 그렇지 못했다. 내가 이수역점을 운영하면서 뼈저리게 후회하는 두 가지가 있다. 독자 여러분은 절대로 나 같은 실수를 범하지 않기를 바란다.

첫 번째는 잘못에 대한 묵인이다. 나는 창업하기 전까지 흡연을 했다. 주변 트레이너들은 대부분 흡연자였다. 얼마나 흡연자가 많았냐면, 과거 회사에서 전 지점 교육 매니저로 활동할 때, 교육이 끝나고 쉬는 시간이면, 트레이너들이 우르르 옥상으로 몰려가서 담배를 피웠다. 하도 흡연자가 많아서 마치 건물에서 화재가 나는 것 같았다.

아찔한 장면을 보면서 아차 싶었다. 흡연이 아무리 개인의 자유라지만 '건강'이라는 귀한 가치를 고객에게 전달하는 트레이너가 담배를 피우는 게 맞는 걸까?' 그때부터 진지하게 고민했다.

그 결과 만약 창업을 한다면 절대로 트레이너가 담배를 피우게 해서는 안 된다고 다짐했다. 왜냐하면 고객에게 담배 냄새나 유해 물질로 조금의 불편도 끼치고 싶지 않았기 때문이다. 고객의 건강을 위해서라면 모든 트레이너가 담배를 끊어야 한다고 생각했다. 하지만 자발적으로 금연하는 건 정말로 쉽지 않다. 그래서 클레어 피트니스에 취직하는 트레이너에게는 자연스럽게 금연할 수 있는 환경을 만들어주고 싶었다.

나는 창업을 하고 바로 금연했다. 팀원들에게도 절대로 담배를 펴서는 안 된다고 누누이 강조했다. 금연을 근로 계약 조건에도 추가했다. 고객에게 매순간 최선을 다하겠다는 나의 신념이었고, 동료들이 진심으로 건강해지길 바라는 마음이었다.

그러던 어느 날, 회사 워크숍에서 팀원 2명이 담배를 버젓이 피우고 있었다. 그들은 나를 보고 황급히 담뱃불을 껐다. 하지만 이미 다른 팀원들도 그 장면을 목격한 후였다. 심지어 내가 해당 인원들의 담배 피는 모습을 보게 된 것은 다른 직원의 고발 때문이었다. 1년에 한두 번가는 워크숍에서 규칙을 어긴 팀원들 때문에 너무 속상했다.

잘못을 목격한 다른 직원들도 있었기 때문에 리더로서 규칙을 어긴 직원들을 조치할 필요가 있었다. 하지만 엄중한 징계 조치를 하지 않았다. 친한 동생들이었기 때문이다. 다음엔 그러지 말라며 좋게 타이르고 끝냈다. 하지만 너무도 잘못된 결정이었다. 나의 신념을 지지하며 열심히 규칙을 따라온 팀원들은 낙심했다. 배에서 내려야 할 사람은 규칙을 어긴 사람인데, 오히려 규칙을 착실히 지킨 팀원들이 우유부단한 대표에게 실망하고 떠나갔다.

만약 그때로 돌아갈 수 있다면, 감봉, 근무정지 등 징계 조치를 내리고, 회사 규칙을 어기면 어떤 처벌을 받는지 전 직원에게 본보기로 보여줄 것이다. 그 일을 계기로 규칙을 어긴 사람을 너그럽게 봐줘서 규칙을 지킨 사람을 역차별하지 않겠다고 다짐했다.

두 번째, 리더로서 후회되는 일은 회사 전체에 해가 되는 직원을 해고하지 못한 것이다. 나는 마음이 정말 약하다. 조직 전체가 침몰하는 상황인데도, 마이너스가 되는 직원을 해고하지 못했다. 왜 그럴까? 내 마음을 들여다보니, 전 회사에서 겪은 아픈 경험이 떠올랐기 때문이었다. 상사가 일 못하는 직원을 무참히 해고하는 장면을 본 적이 있다. 나에게는 무척 안 좋은 기억으로 자리잡았다. 나도 성과를 내지 못하면 언제가 내쳐질 것 같았다. 그런 취급을 당하지 않기 위해 기필코 높은 성과를 달성했다.

내가 회사를 운영할 당시에 해고해야 할 두 명의 직원이 있었다. 한 명은 밥 먹듯이 지각을 했다. 그럼에도 뻔뻔하게 "지각하고 안 하고가 그렇게 중요한가요?"라는 말을 내뱉던 태도가 아직도 잊혀지지 않는다. 또 다른 한 명은 관리자 역할을 맡은 직원이었다. 여러 직원들이 그의 행실을 고발했다. "근무 시간을 너무 안 지킨다", "종종 근무 시간에 다른 일을 본다" 나는 그런 상황을 알고 있음에도 그가 나의 믿음에 부응해서 일을 잘해주기를 묵묵히 기다렸다. 하지만 상황은 끝내 악화되었다.

왜 이러한 직원을 해고해야 했을까? '기본'을 지키지 않는 직원을 그대로 두면, 다른 직원들도 회사 규칙을 무시한다. 급기야 회사 대표도 허술하게 생각한다. 사내 기강이 무너지면 다시 세우기 정말 힘들다.

관리자는 다수 직원에게 모범이 되어야 된다. 누구보다 회사를 위해 열과 성을 다해서 일해야 한다. 그런 그가 근무 태만했을 때, 따끔하게 지적했어야 했고, 변하지 않으면 해고했어야 됐다. 이건 정말로 내 잘못이었다. 관리자의 태도가 무디면, 직원들의 태도도 무너진다. 반대로 태도가 좋은 직원들은 관리자를 무시하는 상황이 생겨서 조직 전체가 파국으로 치닫게 된다.

직원 대부분이 존경하는, 태도가 좋은 사람, 회사의 철학에 적극적으로 동조하고 열심히 일하는 사람을 관리자로 세워야 한다. 그래야 따르는 직원들도 최선을 다하겠다는 분위기가 형성된다.

내가 다시 관리자를 둬야 하는 상황이 생긴다면 태도나 성과 면에서 문제가 생길 시 감봉, 징계, 직책이나 직급을 회수한다는 구체적인 계약 조항을 넣을 것이다. 직원이 잘해주기만을 믿고 마냥 기다리는 건

바보 같은 일이다. 능력 있는 대표라면 명백하게 잘못하는 관리자를 혼낼 줄도 알아야 한다. 상벌체계도 구두로 하는 게 아니라 구체적인 시스템으로 진행되어야 한다.

'미꾸라지 한 마리가 물을 흐린다'는 속담이 있다. 회사를 운영하는 CEO가 되면, 이 말의 참뜻을 이해하게 된다. 미꾸라지 한 마리가 청정수도 흙탕물로 변질시킬 수 있다. 물을 흐리는 미꾸라지를 처단하는 게 대표의 역할이다.

대표를 시작한 지 5년 차가 되었다. 이수역점 폐업은 나에게 인생 레슨을 가르쳐주었고 더 나은 CEO가 되는 발판을 마련해주었다.

강의할 수 있어야 진짜 스펙이다

08

✦ ━━━━━━━━━━━

20대 초반 내 마음에는 불안감, 두려움, 기대감이 뒤섞여 있었다. 내색하지 않았지만 혼란스러웠다. 항상 뭔가를 열심히 했지만, 초조함이 마음 한켠에 있었다.

지인의 희소식조차 나를 불안하게 했다. 예쁜 A라는 고등학교 동창이 건물이 여러 채인 부잣집 자제를 만나서 결혼했다는 소문을 들었다. 친구의 인생이 활짝 핀 것 같아서 부러웠다.

'나도 좋은 남편을 만나서 편하게 살 수 있을까?'

'못 만나면 내가 건물을 여러 채 사야 하는 건가? 20대에 그게 가능할까?'

이런 생각을 하면 기분이 우울해졌다.

주변 사람들은 종종 나에게 이런 말을 했다.

"가희야, 너도 부잣집에서 태어났으면, 하버드 같은 미국 명문대에 갔을 거야"

"부모님이 돈이 많아서 지원을 팍팍 받았으면, 정말 잘 컸을 텐데, 안타깝다."

처음에는 애써 부정했지만, 자주 듣다보니 내가 잘 살고 있는 건지 복잡해졌다. 그때 나를 구원해준 사람이 혜성같이 등장했다. 그녀는 촌철살인의 화법으로 나를 우울함에서 꺼내주었다.

"20대가 돈 없는 거 정상이야. 20대에 돈 있으면 그게 여러분 돈일까요? 부모님 돈일까요? 지금부터 정신 똑바로 차리고 돈을 모으세요. 남자 잘 만나서 팔자 고칠 생각하지도 마세요. 남자애들 군대 갔다 오고 직장 다니면, 여성 분들보다 모은 돈이 없는 게 정상이야. 남자한테 집 사오라는 말은 택도 없는 얘기예요. 여러분 스스로 노력해서 남편이랑 같이 서로를 키워주고 노력해서 살 수 있어요. 그게 정상적인 삶이에요."

그녀의 강연을 보고 나면, 성난 파도처럼 요동치던 마음이 잠잠해졌다. 불쑥불쑥 불안이 올라올 때 다시 그녀의 영상을 틀었다. 들을수록 내면이 단단해졌다. 더 이상 불안하지 않았을 때조차 그녀의 강의를 전부 찾아서 들었다. 머릿속에 그녀의 말을 망치로 고정하듯 내 마음에 담고 싶었기 때문이다.

친구들이 MP3로 노래를 들을 때 나는 강의를 들었다. 달리고, 밥 먹고, 방청소하는 모든 순간에 강연을 들었다. 귀에 딱지가 생길 정도로 들어서 나중에는 그녀에게 완전히 빙의되었다. 친구들 앞에서 "야, 너 정상이야, 열심히 돈 벌면 돼. 부모 돈은 네 돈이 아냐. 우리는 할 수 있어." 하고 열변을 토해냈다. 리틀 ○○○라는 별명이 생기기도 했다.

그녀가 나를 구원했듯이, 나도 우울한 친구, 절망에 빠진 친구를 눈 뜨고 지나칠 수 없었다. 그들의 삶에 내 모습이 투사되었기 때문이다. 친구들을 열심히 도와주다보니, 인생에 희망을 찾았다는 친구도 생겼다. 나로 인해 누군가가 인생을 살아갈 힘을 얻는다는 게 말로 형언할 수 없는 기쁨이었다.

그래서 '강연가'라는 새로운 꿈을 갖게 되었다. 20대에 나는 전국 강연 동아리 '드림포레스트'에 들어가 강연가로 활동했다. 강연을 하면 동아리 친구들이 피드백을 주었다. 그렇게 똑똑한 친구들로부터 피드백을 받고, 답을 찾아가는 과정을 통해 강사로 성장할 수 있었다.

강연할 기회가 무척 많았다. 그래서 가끔 재미있게 또 가끔은 진지하게 다양한 스타일을 시도했다. 이 과정에서 김가희 고유의 강연 스타일을 만들어냈다. 그리고 워낙 그녀의 강연을 많이 들어서 동기부여 멘트가 입에서 방언처럼 터져나왔다.

나는 드림포레스트를 통해 서울, 부산, 대구, 창원을 돌면서 또래에게 희망을 노래했다. 보통 일은 할수록 지치는데, 강연은 할수록 내면 깊은 곳에서 힘이 끌어 올랐다.

20대 후반, 나는 트레이너를 가르치는 트레이너로 성장했다. 동시에 여러 피트니스 센터와 대학교를 돌면서 강의를 했다. 전문적인 지식을 전수하면서, 사람들에게 희망의 메시지를 전달하는 것도 잊지 않았다.

현재는 대한여성트레이닝학회 KWTA를 창설해, 대한민국 여성들의 나은 삶을 위해 양질의 강의를 하고 있다. 여성들의 웰니스한 삶을 위해 건강하게 먹는 법, 생리주기에 맞게 운동하는 법을 알려주고 있다. 몸만 좋은 게 아니라 마음까지 건강해야 진짜 건강이다. 나는 이러한 신념으로 수강생들이 올바른 정신을 가질 수 있게 최선을 다한다.

여러분은 그녀가 누구인지 눈치 챘는가? 대한민국 1타 강사, 30년 차 경력의 김미경 강사님이다. 그녀는 올해 60대다. 나는 그녀를 제2의 어머니라고 부른다. 20대 질풍노도 시기에 길잡이 역할을 해주셨기 때문이다. 김미경 강사님은 13년 전 TV에 나올 때나 지금이나 여전히 열정파다. 30년 후에는 나도 그런 모습이지 않을까 상상한다.

김미경 강사님은 알고 계실까? 그녀가 치열하게 살아온 세월이, 수없이 전해준 희망의 메시지가 30살 어린 나에게 큰 울림이 되었다는 사실을. 나는 가끔 오프라인 강연장 맨 앞줄에 앉아 그녀의 질문에 우렁찬 목소리로 대답한다. 김미경 강사님을 만나게 되면 당신의 메시지 덕분에 숱한 역경을 극복하고 얼마나 행복하게 살고 있는지 말해주고 싶다. 아직 김미경 강사님과 일해본 적은 없지만, 함께 일하는 그날이 오리라 믿어 의심치 않는다.

진심으로 그녀가 100살 넘게 살았으면 좋겠다. 그리고 언젠가 나도 대한민국 1타 강사가 되어서 김미경 강사님과 함께 강연하는 꿈을 꾼다. 30대인 나와 60대인 김미경 강사님, 세대와 세대를 아우르는 희망의 강연을 열고 싶다.

5장

모든 여성이
건강해지는 날까지,
아름답고 치열하게

01

세계의 피트니스 문화를 섭렵하다

사업이 커지면서 국내뿐만 아니라 세계 피트니스 문화에 관심을 갖게 되었다. 코로나 시위로 인연이 된, 사업 멘토 BM 박주형 대표님이 세계적인 피트니스 컨벤션인 독일의 FIBO(세계 최대 스포츠 박람회)에 같이 가자고 제안하셨다.

"세계가 어떻게 돌아가는지 우린 배워야 합니다."

국내에서 우물 안 개구리처럼 사업했던 내가, 주형 멘토님 덕분에 세계 피트니스 시장에 처음으로 눈을 돌렸다. 주형님은 나보다 한 살 어리지만, 사업가로서 뛰어난 실력을 갖추고 있다. 그래서 지금도 늘 그분을 존경하고 따른다.

독일 출장은 생각만 해도 설렜다. 첫 해외 비즈니스 트립, 태어나서 처음으로 비즈니스석을 예약했다. 예약만으로 이미 기분이 좋아졌다. 한국에서 독일은 13시간이나 걸린다. 일전에 남편이 자란 남아공에 가기 위해 23시간 동안 비행기를 탔는데 죽는 줄 알았다. 계속 앉아 있고 눕지 못해서 너무 괴로웠다. 비즈니스석을 예약하니 비행기 타기 전부터 라운지에서 편하게 쉴 수 있었다.

비행기 탑승 전부터 만족스러운 경험을 했다. 우리 회사도 어떻게 이걸 적용할 수 있을까 아이디어가 마구 샘솟았다. 비행기에서 누워서 갔는데 온몸이 편안했다. 발 뻗고 자는 게 행복하다는 사실을 새삼 느꼈다. 돈을 많이 벌어야겠다는 동기부여가 되었다. 편안한 자세로 책도 읽고, 맛있는 간식이 끊임없이 나왔다. 비행기 안은 휴양지가 따로 없었다.

예전에는 왜 두 배 넘는 비용을 내고 비즈니스석을 타는지 도무지 이해가 안 됐다. 막상 경험해보니 '앞으로 비즈니스만 타야지'라고 생각할 정도였다. 양질의 경험은 고정관념을 전환시킨다.

독일에 도착하자마자 프랑크푸르트에서 가장 유명한 헬스장을 검색했다. 어떤 운동 센터가 잘되는지, 우리나라처럼 필라테스 사업이 유행하는지 궁금했다. 찾아보니 필라테스 숍은 우리나라처럼 많지 않다. 일단 대규모 센터와 소규모 센터 각각 한 곳에 상담 예약을 했다. '핏세븐일레븐'이라는 대규모 센터는 나이키 옷 매장 같은 분위기를 풍겼다. 카페도 있고, 옷도 팔고, 마네킹도 군데군데 서 있었다. 예술 작품과 오브제가 여기저기 위치해 있었다. 운동 기구도 얼마나 많은지 30~40억 원은 족히 투자한 것 같았다.

두 번째로 방문한 곳은 나와 비슷한 규모의 '클래시 피트니스'였다. 클레어 피트니스처럼 그룹 운동과 PT를 주력으로 운영했다. 카페처럼 프로틴 음료를 직접 제조해서 팔았다. 한국은 선생님이 그룹 운동을 가르칠 때 한 동작씩 디테일하게 집어준다. 독일은 선생님들이 현장 분위기를 UP시키는 데 집중했다. 한국은 자세한 동작을 배운다는 느낌이 강했다면, 독일은 치얼업 하는 분위기를 즐기는 느낌이었다. 배울 만한 점을 영상으로도 찍고 느낀 점을 열심히 적었다.

드디어 FIBO 행사 첫날, 내가 태어나서 본 최고 규모의 컨벤션이었다. 주형 대표님 소개로 한국인 통역사를 만날 수 있었다. 통역사 분은 2~3일 정도 열심히 돌아다녀야 다 볼 수 있다고 알려줬다.

이렇게 거대한 컨벤션에 한국인으로 왔다는 게 자랑스러웠다. 전 세계 사업가들이 운집한 이곳에 지금은 방문객으로 왔지만, 언젠가는 내가 키운 회사로 이 판을 선도하겠다는 다짐을 했다.

세계 시장은 한국보다 빨랐다. 선진 기구와 기술이 눈에 들어왔다. 유전자 검사를 바탕으로 하는 운동, VR로 운동시키는 프로그램, 부위별로 체지방 두께를 재는 측정 장비까지. 사업을 크게 하려면 세계 시장을 이해해야 한다는 말이 무슨 뜻인지 이해되었다.

컨벤션장에는 '인바디' 회사가 큰 부스를 차지하고 있었다. 모르는 분도 있겠지만 인바디는 자랑스러운 한국 기업이다. 국뽕이 차올랐다.

인바디 회사가 세계 시장에 미치는 영향력을 눈으로 보면서 나도 위대한 기업을 만드는 꿈을 꾸게 되었다.

어렸을 때는 이렇게 비즈니스석을 타고 해외 출장을 다닐 거라고는 꿈에도 상상하지 못했다. 오랫동안 허덕였던 가난, 하지만 포기하지 않고 매일 '나는 할 수 있다'고 외쳤던 수많은 시간들이 지금의 나를 완성시켰다.

여러분은 미래에 어떤 사람이 되기를 꿈꾸는가? 좋아하는 일이 있다면, 한계를 짓지 말고 성공할 때까지 계속 하라는 말을 건네고 싶다. 힘든 순간은 매번 올 것이다. 어쩔 수 없이 많은 실패를 경험한다. 성공이 1이면 실패는 9다. 하지만 9번 도전하지 않으면 1번의 성공도 오지 않는다.

10번 연거푸 도전할 수 있는 사람이 되는 나만의 방법이 있다. '나는 할 수 있다'를 내면에서 끝없이 외치는 거다. 나는 기준이 높아서 셀프 칭찬을 잘하지 않는다. 하지만 늘 '나는 할 수 있다'고 되뇌인다. 너무 힘들어서 눈물이 날 때 가슴 깊이 물어보라. 이렇게 힘든데도 이 일이 계속 하고 싶냐고, 그럼 이 일을 얼마나 사랑하는지 깨닫게 될 것이다.

나는 나도 건강하고 남도 건강하게 만드는 부자가 되는 일이 무척 좋았다. 힘든 일도 숱하게 경험했지만, 정말로 하고 싶은 일이었다. 더 많은 사람들을 건강하게 만드는 기쁨과 환희를 맛보고 싶다.

마사지사, 물리치료사, 필라테스 강사, 트레이너, 여성 피트니스 전문가가 되기까지. 내가 일관되게 선택한 기준은 건강이다. 건강하면 인생이 바뀐다. 사람의 인생을 바꾸는 이 일을 나의 사명으로 여긴다.

상념에 빠져 있던 독일 출장에서 저녁 밤, 살랑거리는 바람을 피부로 느낀다. 문득 과거를 돌아보니 나는 해외여행을 갈 때마다 피트니스 센터를 방문했다. 누가 시키지도 않았다. 그래서 정말로 이 분야를 사랑하고 흥미로워 한다는 걸 알아차렸다.

독일의 별하늘을 바라보며 나는 새로운 꿈을 세웠다. 대한민국 1등이 아니라 세계 1등에 도전하자. 나는 할 수 있다!

02

전 세계 NO.1
여성 피트니스 전문가
김가희

몇 년 전부터 본격적으로 여성트레이닝학회 KWTA 교육 사업에 돌입했다. 대학생 때부터 간간이 해온 강의를 사업으로 삼다니 감회가 새로웠다. 2017년부터 '여성 생리주기에 따른 몸의 반응과 트레이닝 방법'이란 주제로 강의를 진행했지만 수요가 많지 않았다. 지금 생각해보면 주제를 너무 딱딱하게 잡았다.

강의 사업을 시작하고 구세주 같이 등장한 사람이 있다. 바로 '은혜'였다. 나는 유튜브와 블로그를 통해서 은혜를 알게 되었다. 은혜는 영양과 다이어트 강의 영상도 올리고, 전문적으로 글을 포스팅했다. 인생철학도 뚜렷해서 요즘 보기 드문 진주 같은 인재로 느껴졌다. 그래서 팔로우를 하고 지냈다.

그러다 독일 출장을 갔을 때 한 번도 만나본 적 없는 '은혜'로부터 운명처럼 카톡이 왔다. 입사해서 트레이너가 되고 싶다는 제안이었다. 이런 훌륭한 인재가 우리 회사에 들어오고 싶어한다니, 대표에게 이런 제안을 할 수 있는 대범함이 마음에 쏙 들었다.

귀국하고 은혜를 만났다. 은혜는 우리 회사에 대한 분석 자료와 회사가 성공할 수 있는 로드맵을 준비해서 PPT 발표를 했다. 누가 시킨 일도 아니었다. 면접에 만반의 준비를 해온 은혜를 보면서 내가 과거에 다이어트 회사 대표님에게 제안하러 갔던 추억이 떠올랐다. 이런 마인드가 있는 사람과 일을 같이 하면 무슨 일이든 성공하겠다는 확신이 들었다.

은혜를 마케터로 고용했다. 그녀의 잠재력과 역량이 마케팅 분야에 매우 적합하다는 판단을 했기 때문이다. 은혜는 기대에 부응했다.

"대표님 제목에서 후킹이 확실히 되어야 합니다. '부자 되는 여성 전문 트레이닝 비법' 요즘 트렌드에 맞게 부와 연결해서 기획해보죠."

당시 피트니스 업에서 돈을 벌게 해준다는 워딩을 쓰는 강의가 거의 없었기 때문에 걱정되었지만, 그동안 사용해온 지루한 제목과는 차별화되어야 했다. 오랜만에 데뷔하는 강의라 약간의 초조함도 느꼈다.

'사람들이 돈에 대해서 거부감을 느끼면 어쩌지….'

걱정과 달리 은혜는 많은 수강생을 모을 수 있는 상세페이지를 기가 막히게 제작했다. 그 결과 1기 강의가 오픈되었고 10일 만에 완판되었다. 강의 사업으로 얻은 첫 쾌거였다.

당시 나는 클레어 피트니스를 운영하며 강의 사업도 병행했다. 잠잘 시간이 턱없이 부족했다. 강의 연습할 시간도 없었다.

"대표님, 이번 강의 잘 되셔야 하는데 시뮬레이션을 해보는 게 어떨까요? 제가 수강생 역할을 하고요. 대표님이 어떻게 받아들이실지 모르겠지만, 이 강의가 잘 되려면 시뮬레이션과 피드백이 필요합니다."

이 말을 듣고 은혜를 더욱 신뢰하게 되었다. 좋은 결과를 만들기 위해서 필요하면 대표에게 직언하는 은혜가 우리 팀이라는 게 감사했다. 나는 은혜 앞에서 강의 연습을 했다. 피드백을 받고 보완했다. 1기 강의가 성황리에 마무리됐다. 스타트를 잘 끊은 덕분에 '부자 되는 여성 전문 트레이닝 비법(일명 여샘트)' 강의는 2024년 현재까지도 잘 되고 있고, 오픈만 하면 곧 완판이 된다. 많은 트레이너들이 찾는 베스트셀러 강의가 되었다. 강의를 시작하고 1년이 지나고 온라인에는 여샘트 강의 후기가 넘쳤다. 교육 사업은 점점 자리를 잡았다.

은혜는 제안에 능숙했다. 나뿐만 아니라 회사에 도움 될 수 있는 기회를 찾아왔다. 온라인 강의 플랫폼 '클래스유'에 여성들을 위한 '생리주기 다이어트' 강의를 오픈한 것이다.

이때 이수역점을 정리하고, 온라인 교육 사업에 도전하는 과도기 시점이라 개인적으로 굉장히 힘들었다. 폐업 정리를 하면서 다른 사업을 진척시킨다는 게 말이 쉽지 몸이 양쪽으로 찢어지는 고통이었다. 하지만 이것만이 회사를 살릴 길이라 생각하고, 모든 힘을 쥐어짜내서 영상을 찍었다. 생생하게 운동하는 느낌을 전달하기 위해 편집이 거의 필요 없는 수준으로 리얼 운동 영상을 찍었다. 촬영만 3개월이 걸렸다. 끝까지 책임지고 도와준 애린 PD와 은혜 덕분에 가능했다.

이 경험을 토대로 나는 1년 뒤 '부자 되는 여성 전문 트레이닝 비법' 여샛트 온라인 강의를 2023년 10월에 오픈할 수 있었다. '여샛트 스쿨'이란 새로운 브랜드로 나만의 강의 홈페이지를 출시했다. 게다가 24시간 만에 온라인 강의 1,000만 원 매출을 달성했다. 문화체육관광부, 국민체육진흥공단에서 주관하는 한국체육대학교 디지털 사업 전환 우수 업체로 선정되기도 했다.

사업 피봇(방향 전환)을 잘한 결정으로 만들기까지 1년이 걸렸다. 4년 동안 클레어 피트니스를 운영하면서 지키려고 했던 '최소 투자 최고 효율'의 원칙이 조금씩 실현되고 있다.

부끄럽지만 클레어 피트니스를 운영할 때, 나는 운동 전문가지만 운동할 시간조차 없었다. 4시간 자면서 여러 사업으로 전환하려고 했지만 번번이 실패했다. 팀원들을 볼 면목이 없었다. 하지만 첫 사업을 일보 후퇴해서 더 큰 발전을 이뤄낼 수 있었다. 이 책을 읽고 있는 사업자 분들이 있다면, 새로운 도전을 멈추지 않기를 바란다.

나는 온라인 강의 사업도 3번 시행착오를 겪었다. 대한여성트레이닝학회를 성공적으로 만들기까지도 2번의 우여곡절이 있었다. 누구나 한 번에 성공하기를 원하지만 현실은 녹록치 않다. 실패에 굴하지 않고 계속 노력하면 결국 답을 찾을 수 있다.

'여성은 생리주기에 따라 운동해야 한다'

강의를 시작하고 때론 이 주장에 대해서 반박을 받기도 했다. 하지만 준비된 자에게 기회가 있다고 했던가? 여생트 강의를 시작한 지 얼마 되지 않아서, 스포츠 대기업인 '나이키'에서 여성은 생리주기에 따라 운동해야 한다는 광고를 시작했다. 2022년 국제 칸 광고제에서 그랑프리를 수상할 만큼 혁신적인 광고였다.

그 후로 여성은 생리주기에 따라서 운동해야 한다는 주장에 반박을 받지 않았다. 이 말을 부정한다는 것은, 나이키의 주장을 반박하는 일이 되어버리기 때문이다. 몇 달이 지나고 나이키 마케팅팀 '은비'님으로부터 만나자는 연락을 받았다. 2022년에 미국 나이키와 콜라보를 하고 싶어서 전화도 하고 이메일도 썼는데 이제서야 인연이 닿은 것이다.

여러분도 하고 싶은 게 있다면 열릴 때까지 두드려라.

두드리면 열릴 것이다.

나는 할 수 있다,
나는
할 수 있다

03

✦ ──────────────

'나는 할 수 있다'

대학생 때 매일 아침 운동장을 뛰면서 이 말을 외쳤다. 당시 나는 전액 장학금을 받아야만 학업을 이어갈 수 있었다. 못하면 빚을 지거나 휴학을 해야 했다. 매일 노력했지만 마음 한 구석에는 '이번에 1등하지 못하면 어떡하지?'라는 걱정이 있었다.

때로는 아무리 노력해도 자신감보다 불안감이 커진다. 포기하고 싶고, 그러면 나만 손해니까 뭐라도 해야 되는데, 일은 손에 안 잡힌다. 그럴 때마다 두려움을 몰아내기 위해 불안감을 쫓기 위해 지금까지 꾸준히 해온 필살기가 있다.

'나는 할 수 있다'를 아침마다 외치는 거다.

CEO가 된 지금도 똑같다. 오전 시간에 나는 다른 세상 사람처럼 산다. 남편과 함께 아차산 등산을 가기도 하고, 건대 캠퍼스 트랙을 뛰기도 한다. 어린이대공원에서 여유롭게 모닝 롤러코스터도 타본다. 햇빛을 맞으며 시원한 공기를 마시며 동네 바보처럼 보일 만큼 힘차게 외친다.

'나는 할 수 있다'

급하지 않으면 되도록 점심부터 일을 한다. 아침에 실컷 놀다오면 점심부터는 일이 하고 싶어진다. 사업 초반에는 계속 일을 붙잡지 않으면 불안해서 운동도 못했다. 그런데 성숙해지면서 쉼을 허락하게 되었다. 아침에 집중해서 신나게 놀고, 오후에는 뜨겁게 일한다.

일과 쉼을 조절할 수 있게 되었다. 그 비결은 무의식에 깊이 새겨진 '나는 할 수 있다'는 신념이다. 지금도 연료가 바닥나지 않도록 하루에도 몇 번씩 반복한다. 이 간단한 방법이 지금의 김가희를 만들었다. 독자 분들도 꼭 실천해보길 바란다.

'나는 할 수 있다'의 힘을 절실히 깨달은 순간이 있다. 트레이너를 관리하는 리더 역할을 해오면서, 팀빌딩 과정에서 숱한 실패를 경험했다. 몸과 마음은 완전히 망가졌다.

한두 번 넘어졌을 때는 긍정적인 마인드를 유지하는 게 쉬웠다. 4번 정도 연거푸 실패하니까 부정적인 생각이 엄습했다. 5번째 팀빌딩에 좌절했을 때는 내 생일에도 침울했다. 스스로 무능하다는 생각에 축하도 거부했다. 사람이 구역질 날 만큼 싫어지고, 가만히 있어도 눈시울이 붉어졌다. 내가 자랑하는 긍정 마인드는 온데간데없이 사라졌다. '나는 리더하면 안 되나봐' 자책감에 몸서리치게 괴로웠다.

한동안 전부 내려놓고, 쓰러져서 잠만 자고 싶었다. 눈뜨고 사는 게 괴로웠다. 책도 밥도 귀찮았다. 하지만 최악의 상황에도 불구하고 희망의 끈은 놓지 않았다. '나는 할 수 있다'는 문구를 계속 되뇌었다. 침실 밖으로 나갈 용기가 없을 때는 누워서 나지막하게 말했다. 절망에 빠져 있는 사람에게 이런 게 무슨 소용 있을까 생각할 수 있다. 그런데 몇날 며칠 베개에 누워 아침마다 '나는 할 수 있다'를 읊조리면 어느 날, 집 안으로 쏟아지는 햇볕이 너무 예뻐서 문득 나가고 싶어진다.

예전처럼 활기차게 살고 싶다는 희망이 꿈틀거린다. 여전히 머릿속은 복잡하지만 '나는 할 수 있어' 주문을 외치며 외출복을 입는다. 드디어 집 밖으로 한 발 내딛을 때, 차가운 공기가 정신을 일깨운다. '아 시원하다' 가만히 걸어본다. 멀리 가지 않아도 된다. 가고 싶은 만큼 가고, 걷고 싶은 만큼 걷는다. 그리고 집으로 돌아온다.

밖으로 나가는 날이 많아진다. 따뜻한 봄날 가볍게 뛰어본다. 숨이 차면서 살아있음을 만끽한다. 표정에 생기가 돌고 입가에는 미소가 번진다. 해가 뜨지 않은 날에도 나가서 걷는다. 여름에 비가 오는데 우산도 없이 비를 맞으면서 걷는다. 비가 몸에 떨어지는 촉감마저 내가 아직 살아있음을 축복하는 듯하다. 어느 날은 오색빛깔 낙엽을 바스락 소리 내며 걷는다.

매일 작은 걸음을 반복하다보면, 어느 날 하늘에서 눈이 펑펑 내린다. 눈이 소복이 쌓인 나무를 봤더니 루브르 박물관의 예술 작품을 연상케 하는 풍경이 내 눈앞에 펼쳐진다. 아름다움을 즐기면서 이 세상을 온몸으로 느끼고 싶다는 생각이 내면에 쌓인다. 봄, 여름, 가을, 겨울 사계절이 바뀔 만큼 시간이 걸렸지만, 몸도 마음도 결국 회복된다.

사람들은 병의 크기와 상관없이 항생제를 활용해서 단숨에 낫기를 원한다. 숱한 실패로 마음에 생채기가 났을 때 한 번에 치료되지 않는다. 오랜 시간 찢겨서 생긴 마음의 상처는 서서히 회복할 시간이 필요하다.

매일 조금씩 반복해서 돌봐줘야 깨끗이 나을 수 있다. 나도 매일 아침 햇빛을 따라 조금씩 걸으면서 '나는 할 수 있다'를 외쳤다. 긍정의 말과 생각은 후시딘처럼 마음의 상처를 어루만져주었다.

봄, 여름, 가을, 겨울 계절이 달라질 만큼 오랜 시간이 치료에 필요할 수도 있다. 인생의 어두운 순간은 누구에게나 온다. 중요한 건 꺾이지 않고 뚜벅뚜벅 걷는 거다.

여러분이 '나는 할 수 있다' 한 번 외칠 때마다 돼지 저금통에 동전이 들어가는 것처럼, 긍정의 말이 내면에 쌓인다. 힘들고 지쳐서 누워만 있고 싶은가? '나는 할 수 있다'고 조용히 말해보자. 에너지가 넘치는가? 동네를 방방 뛰면서 행진하듯 외쳐보자.

요즘에 나는 에너지가 넘쳐흐른다. 롤러코스터 맨 앞자리에 타면서 '나는 할 수 있다'를 외친다. 옆자리에 탄 초등학생이 힐끗 쳐다보면

'너도 할 수 있다'고 여유롭게 응원한다. 산봉우리에 서서 '나는 할 수 있다' 목 놓아 외친다. 그 소리가 메아리로 주변 사람에게 퍼져나간다. 긍정의 힘을 받아서 누군가는 박수치고, 누군가는 따라서 소리친다. 하산하는 할아버지들은 내가 외치는 소리를 듣고 '뭔지 모르지만 젊은 이 진짜 해낼 수 있을 거 같다'며 응원을 해주신다.

나는 오늘도 마음 은행에 긍정을 저축한다. 언제 올지 모르는 지출을 대비하기 위해서. 몸과 마음의 체력을 미리 축적해야 아픈 시기가 오더라도 버틸 수 있다. 여러분도 평소에 '나는 할 수 있다' 긍정을 저축하면서 긍정 부자가 되면 좋겠다.

04

18시간
몰입하는
나만의 비법

학창 시절에 책상에만 앉으면 금세 산만해졌다. 엉덩이를 붙이고 오랫동안 공부하는 친구들이 신기했다. 그랬던 나도 진심으로 사랑하는 일이 생기니 하루 18시간도 거뜬해졌다. 사회 초년생 시절에는 8시간 근무도 힘들었다. 그때는 워라밸도 추구해서 휴가 때 일과 관련된 연락이 오면 짜증부터 났다. 하지만 나의 책임이 커지면서 근무 시간 외에 오는 연락도 귀찮지 않았다.

많은 양의 일을 초연하게 해내려면, 노력의 시간이 충분히 축적되어야 한다. 관리자를 하면서 하루 10~11시간 해낼 수 있는 '일의 총량'을 늘려왔다. 진심으로 좋아하는 일을 했기에 가능했다. 성공하려면 많은 시간 투자하고, 긴 시간 집중해야 한다. 일에 대한 사랑이 없으면 불가능하다.

사랑과 일은 닮아 있다. 나는 남편이 진심으로 잘생겼다고 생각한다. 잠들 때 봐도 또 보고 싶고, 아침에 부스스한 모습을 봐도 사랑스럽다. 남편 얼굴을 10년 봤는데도, 매시간 보고 싶다. 일도 그래야 한다. 여러분은 해도 또 하고 싶은 일이 있는가? 지금 당장 그 일을 하지 않더라도 괜찮다. 얼마가 걸리더라도 내면 깊은 곳에서 원하는 일을 찾게 될 것이다.

고등학교 때 아팠던 경험을 바탕으로 나도 건강하고 남도 건강하게 만드는 일을 하기로 결심했다. 숱한 우여곡절이 있었지만, 일에 대한 애정과 진심으로 지금도 같은 일을 하고 있다. 죽을 때까지 할 것 같다. 일에 대한 사랑은 8시간 밖에 집중할 수 없던 사람도 18시간 몰입할 수 있는 힘을 준다.

물론 처음부터 오랫동안 집중할 수 있는 건 아니다. 나는 12~13시간 일할 수 있는 상태가 되었을 때 고비가 왔다. 13시간만 넘어가면 정신력이 부족했다. 오전 2시간이면 끝날 일을, 밤늦게 졸음을 참아가며 4~5시간 붙들고 있었다. '이럴 거면 제대로 쉬고, 일할 때 집중할걸' 이런 생각도 해봤지만 마음처럼 되지 않는다. 누우면 일이 생각나고, 밥을 먹어도 끝내지 못했다는 찜찜함이 남았다. 일할 때는 일하고, 쉴 때 쉬는 쿨한 사람이 되고 싶었지만, 아직 그런 경지까지 오르지 못했다.

그랬던 내가 하루 18시간 일을 할 수 있었던 건, 자정이 넘어서도 버티면서 꾸역꾸역 일을 해낸 세월이 있었기 때문이다. 평균 17~18시간 고강도로 집중하는 능력은 3년에 걸쳐서 점차 강해졌다. 집중력이 내 의지대로 유지되지 않아서 남한테 화풀이도 했다. 체력이 따라주지 못하니 성질에 못 이겨 울기도 했다. 하지만 좌충우돌하는 경험이 쌓여서 현재의 내공을 갖게 되었다.

성장통을 겪는 사람들을 볼 때마다 어깨를 토닥여주고 싶다. 고난의 과정을 몸소 겪어야만 경지에 이를 수 있다. 나는 묵묵히 응원해줄 뿐이다. 사실 누구나 계속하면 목적지에 도달할 수 있다.

하루 8시간 겨우 일하는 레벨에서, 하루 18시간이 가능해졌을 때 어떤 감정이 들까? 이루 말할 수 없이 뿌듯하다. 다들 시험 점수가 0점인데, 나만 100점 받은 기분이다. 입술이 미소로 씰룩대고, 맛있는 음식을 먹는 달콤한 느낌이 든다.

일에 숙련되면 좋은 점이 더 있다. '오늘 일은 새벽 2시에 끝날 것 같네 예측하면, 진짜 2시에 끝난다.' 일에 대한 메타인지가 나아진 것이다. 긴 시간 다양한 업무를 하면서 누적된 데이터가 있어서 시간 분배가 수월해진다. 일과 쉼을 적절하게 계획하는 힘이 생긴다.

일에 대한 데이터가 없을 땐 한없이 늘어지기도 한다. 그러나 일을 정성들여 하다보면 일에 대한 메타인지가 올라간다. 피곤하지만 기분은 좋다. 계획대로 이루어지는 성취감이 있기 때문이다.

일에 대한 메타인지를 높이기 위해서 '일단 하자' 정신이 필요하다.

숙달되기 전에는 무슨 일을 해도 계획보다 오버된다. 계획의 비중은 줄이고 일단 해봐야 한다. 나도 그 과정을 겪었다. 자정 넘게 일이 쌓여 있으면, '언제 이걸 다하지…' 하는 부담감에 스트레스가 더해져 업무를 종료하는 시간이 더 지연될 뿐이다.

그럴 땐 어떤 판단이나 감정이 일어나기 전에 하고 보는 게 가장 효과적이다. 하다보면 스트레스 받는 시간도 아깝게 느껴진다. 시작하면 끝난다. 계속하면 잘하게 된다.

마지막으로, 번아웃이 와서 일에 몰입이 안 될 때, 일에 대한 열정을 회복하는 나의 비법을 공개하겠다.

일을 가지고 여행지로 떠난다. 주로 바다로 간다. 숙소에 도착하면 파도 소리를 들으며 신나게 물놀이를 한판 한다. 숨차게 수영하고, 선베드에 옷이 젖은 채로 누워서 따뜻한 햇볕을 쬔다. 목이 마를 때는 시원한 물이나 과일주스를 한 잔 하고 숙소로 돌아간다.

거품을 풍성하게 내서 깨끗이 샤워하고, 나른한 기분으로 푹신한 침대에 눕는다. 가장 편안한 자세로 눈을 감고 밀려오는 파도 소리를 듣는다. 잠자고 있는 것처럼 호흡을 깊고 길게 한다. 몸이 이완되어서 힘이 하나도 들어가지 않게 한다. 몸과 마음이 명상 상태에 들어가면 머리가 일을 한다.

오래 고민했는데 해결되지 않았던 일, 마무리를 짓거나 결정내리고 싶은 일을 떠올린다. 드라마 작가처럼 플랜 A, 플랜 B, 플랜 C를 하나씩 머릿속에서 실행한다. 최대한 구체적으로 생생하게 상상한다. 계속해야 상상하는 능력이 좋아진다.

어떤 플랜이 가장 좋은지 어떻게 알 수 있을까? '제일 좋은 방법이 가장 구체적으로 긴 시간 상상된다'는 나만의 기준이 있다. 상상하면 실제로 경험한 것처럼 기억에 저장된다. 그다음은 상상했던 일을 직접 한다. 그럼 마치 그 일을 과거에 경험한 것처럼 좋은 결과를 얻을 수 있다.

여러분이 몰입할 수 있는 루틴을 만들면, 오랫동안 일해도 번아웃은 문제가 되지 않는다. 하루 8시간도 집중하지 못하던 사람도, 18시간 몰입할 수 있는 강력한 힘이 생긴다.

05

나는 세상에서
다이어트가
제일 쉽다

◆ ────────

여러분은 살을 빼는 게 쉬운가? 나는 다이어트가 세상에서 제일 쉽다. 그동안 트레이너이자 대표로서 2,000명이 넘는 여성 고객을 감량시켰다. 이제는 누가 찾아와도 반드시 살을 빼줄 수 있다는 자신감이 있다. 평소에는 여성 고객에게 이런 질문을 가장 많이 받는다.

"강사님, 살을 도대체 어떻게 빼나요?"

이 책을 읽고 있는 여성들은 오늘 이후로 다시는 이 질문을 하지 않을 것이다. 가장 확실한 다이어트 해답을 얻어갈 테니까. 많은 분이 다이어트를 위해서 다양한 방법을 시도한다. 약도 먹고 주사도 맞는다. 하지만 그때뿐이다. 지긋지긋한 요요가 생긴다.

여러분 주위에 이런 사람이 있지 않은가? 오랜만에 만나도 한결같이 체중을 유지하는 사람, 세월이 흘러도 여전히 젊음을 유지하는 사람. 이런 사람을 보면서 '몸에 돈을 많이 투자하나보다. 나는 그렇게 돈 쓸 여유가 없어.' 생각할 수 있다. 그래서 살이 찌지 않는 법, 늙지 않는 법을 찾기를 단념했을 수 있다. 하지만 지금부터 소개하는 4가지 방법만 익히면, 돈을 거의 쓰지 않고도 살이 찌지 않고 예쁜 몸매로 살아갈 수 있다.

첫째, 내 몸의 법칙을 파악한다.

내 몸에 무엇이 맞는지 모르고 마구잡이로 실행하면 살이 빠지지 않는다. '이거 먹으면 살 빠진데'라는 카더라 방식으로는 지방이 빠지지 않는다. 언제 배고픈지 배가 부른지, 언제 힘이 생기는지, 몸에 대한 메타인지가 높아야 한다. 그래야 올바른 전략을 짤 수 있다. 전제가 잘못되면 결론이 틀리는 것처럼, 몸을 모르면 살 빠지는 음식도 운동도 소용없다.

운동으로 체지방을 빼려고 해도, 언제 몸에 활력이 넘치는지, 식욕은 언제 올라오고 낮아지는지를 정확히 파악해야 한다. 이걸 모른 채 시도하는 다이어트는 번번이 실패한다. 오랜만에 봤는데 살이 하나도 안 찐 친구들이 있다. 물어보면 "나는 아무것도 한 게 없는데?"라는 거짓말 같은 답변을 늘어놓는다. 다이어트 비밀 공식을 숨기려고 한 게 아니라 진짜 아무 것도 안 했을 수 있다. 본능적으로 몸의 법칙을 아는 사람은 무리해서 음식을 절제하거나 운동을 과하게 할 필요가 없다.

둘째, 24시간 생체시계를 원활하게 만든다.

인체는 아침에 깨어나고 밤에는 잠이 든다. 아침에 많은 에너지를 쓸 수 있고, 밤이 될수록 사용 가능한 에너지가 감소한다. 몸에는 24시간 생체시계가 있다. 24시간 동안 내 몸을 잘 다스려야 한다. 배가 고픈데 굶거나 잘 때 자지 않는 사람이 있다. 이런 어긋난 패턴을 가졌다면 살 빼는 길이 험난할 수밖에 없다. 스스로 생체시계를 엉망으로 만들기 때문이다.

24시간 생체시계를 원활하게 만들려면 오전에는 야외로 나가 햇빛과 바람을 느끼며 30분간 빠르게 걸어야 한다. 햇빛을 받으면 피부에서 비타민D를 생성한다. 햇빛은 온몸의 세포를 일깨운다. 심장과 폐가 혈액을 모든 세포에 공급한다.

낮에 햇빛을 쬐면 세로토닌이, 밤에는 멜라토닌 호르몬이 분비되어서 잠을 편하게 잘 수 있다. 여기까진 남녀 모두 동일하다. 여성은 한 가지가 더 필요하다. 아침에 걷기 전, 탄수화물 20g과 단백질 20g 정도 함유된 액체식 섭취를 권한다. 프로틴 음료 한 잔으로 충분하다. 여성의 몸은 임신하고, 생리주기를 운영하기 위해 공복에도 많은 에너지가 필요하다.

공복에 굶으면서 지속적으로 운동하면, 여성의 몸은 이를 에너지 결핍 신호로 간주해서 살이 찌는 체질로 변한다. 여성의 생리주기는 뇌의 신호로 시작되는데, 여성이 단백질을 먹으면, 뇌(시상하부)에서 에너지가 계속 공급되어서 안전하다고 느끼게 된다. 그럴 때 여성의 몸은 지방을 편하게 내보내려고 한다.

낮에 만든 세로토닌이 밤에는 멜라토닌으로 바뀌어 깊은 수면에 들면, 취침할 때도 칼로리를 소모해서 살이 잘 빠지는 체질이 되고 스트레스를 원활하게 처리할 수 있다.

셋째, 자신의 생리주기를 이해한다.

여성은 생리주기에 따라서 체력, 면역, 식욕, 의지, 감정이 변한다. 이 명백한 변화를 무시하고, 매일 똑같은 운동, 식단 루틴을 고집하는 건 옳지 않다. 적절한 방법은 무엇일까? 체력과 면역이 떨어지는 시기에는 운동 강도를 낮춰보자. 영양 결핍이 일어나지 않게 잘 섭취하자. 이렇듯 식욕과 의지가 언제 올라오고 낮아지는지를 알아야 폭식을 대비할 수 있다. 또한 언제 감정 기복이 심해지는지를 알면, 감정 컨트롤하는 법을 터득할 수 있다.

생리주기에 따른 트레이닝 방법을 전문적으로 배우고 싶은 선생님들을 위해 내가 준비한 강의가 있다. 여생트 스쿨의 '여성 생리주기 트레이닝과 함께하는 차별화된 PT세일즈 비법' 온라인 강의에 남성과 다른 여성의 차이점, 생리주기 트레이닝 방법, 여성 고객님을 사로잡는 1:1 체험 PT 비법까지 구체적으로 설명해 놓았다. 다음 큐알코드를 눌러보자.

넷째, 생리주기를 기록해야 한다.

생리주기를 철저히 기록하자. 지피지기면 백전백승이라고 기록하면 다이어트가 쉬워진다.

이렇게 분명한 다이어트 비법을 아직도 몰라서 고통 받는 여성들이 많다. 건강을 헤쳐 가며 해외 다이어트 약을 직구하는 청소년들, 지방 흡입하려고 월급 전부를 탕진하는 20대들, 극단적으로 다이어트 하다가 죽을병에 걸려버린 여성들. 내가 꼭 구해야 할 사람들이다.

여러분이 이 책에서 소개하는 방법을 실생활에서 적용하고, 주변 사람들에게 알려주면 많은 사람을 다이어트 굴레에서 벗어나게 도와줄 수 있다. 평생 살찌지 않고 예쁜 몸매로 살 수 있는 방법을 우리 가족에게 알려주자. 엄마, 언니, 동생의 건강뿐만 아니라 삶이 변화될 것이다. 함께 행복하게 살자.

믿어주는
만큼
성장한다

06

20대, 트레이너 일을 시작했을 때는 매일 불안했다. 잘하고 싶은 마음
은 굴뚝같은데 실력도 경력도 턱없이 모자랐다. '누군가 나에게 잘하
는 방법만 알려주면, 정말 잘할 수 있는데' 누군가 나타나기를 애타게
바랐다. 하나부터 열까지 가르쳐줄 수 있는 사람. 몇 개월 만에 일취월
장하게 만들 수 있는 사람, 냉정한 사회에서 따뜻하게 사랑으로 품어
줄 수 있는 사람.

내가 기다린 사람은 '스승님'이었다. 어렸을 적 나는 운이 좋게도 배
성 합기도 관장님을 만나서 '나는 할 수 있다'는 정신력을 배웠다. 금
두환 선생님에게는 '읽기와 쓰기' 능력을 키울 수 있었다.

스승님을 접할 때마다 애벌레가 나비로 진화하듯 탈바꿈되었다. 피트니스 업계에 입문했을 때도 우리 업에서 존경할 만한 스승님을 만나길 고대했다.

20대 내내 스승을 백방으로 찾았지만 안타깝게도 여성 피트니스 시장에서는 아직 만나지 못했다. 이 교육 저 교육 전부 들으러 다니며 시행착오를 몸소 겪었다. 스스로 깨지고 부딪히면서 다이아몬드가 됐다.

그래도 학생 때 존경할 만한 스승님을 만난 게 얼마나 다행인가? 스승이란 존재가 책에만 있거나 기준을 너무 높게 잡아서 아무도 스승으로 삼지 못하며 사는 사람이 얼마나 많은데, 나는 현실 세계에서 멋진 스승님을 만났으니 말이다.

그리고 이제는 나만의 길을 걷고 있다. 광야의 모세처럼 세상에서 깨지고 부딪히며 성장했다. 나 홀로 '여성 전문 트레이닝' 분야를 창조했다. 과거에 나는 말끔히 다듬은 산길을 걸어가듯 스승님들의 발자취를 따랐다. 지금은 '여성 전문 트레이닝' 분야에서 직접 길을 내면서 나아가고 있다.

14년 동안 많은 여성 고객을 만났다. 그중 10년은 트레이너를 가르치는 트레이너로 살아왔다. 실전에서 증명한 여성 전문 트레이닝을 널리 전파하기 위해 2017년부터 강의를 시작했다. 지금도 주말에 9시간 정도 강도 높은 강의를 진행한다. 대한민국에 가장 권위 있는 여성 피트니스 전문가(WFS)들을 양성하기 위해서다. 권위라는 말은 특정 분야에서 사회적으로 인정받고 영향력을 끼칠 수 있는 위신을 일컫는다.

소중한 제자들을 기르기 위해서는 무엇이든 대충할 수 없다. 진기를 짜내듯 사력을 다해 가르친다. 평생을 다 바쳐 세상 여성들을 건강하게 만들고, 삶을 변화시키는 위대한 일을 함께하는 사람들을 길러낼 것이다.

이렇게까지 열심히 하는 이유는, 내 인생을 바쳐서 완성시킨 여성 전문 트레이닝과 생리주기 다이어트를 후대에 전하기 위함이다. 후대에게 남길 유산은 단순히 다이어트 비법에 그치지 않는다. 한 여성, 한 영혼의 삶을 변화시키는 것은 가장 위대한 일이기 때문이다.

10년이 지나고, 어느 날 나를 돌아보니 과거에 그토록 만나고 싶었던 '누군가'의 모습이 내가 되었다. 여성 피트니스 업계에서 하나부터 열까지 제대로 가르쳐줄 수 있는 사람, 사랑과 진심으로 가르치는 사람. 14년이란 노력 끝에 나는 내가 그토록 기다렸던 스승이 되었다.

나는 크리스천이다. 지금의 '김가희'가 되기까지 겪었던 인생 굴곡, 모든 것이 하나님의 계획대로 되었음을 깨닫는다. 참으로 놀라운 하나님의 섭리다. 하나님은 내가 만나고 싶었던 사람이 내가 되도록 하셨구나. 나를 스승님이라고 불러주는 제자들이 말했다.

'스승님, 사랑으로 가르쳐주셔서 감사합니다.'

'스승님을 만나고 제 인생이 변했습니다. 훌륭한 여성 피트니스 전문가가 되겠습니다.'

'하나부터 열까지 스승님을 만난 건 제 인생 최고의 행운입니다.'

스승이 된다는 게 어떤 기분인지 이제야 알게 되었다. 제자들이 깨우쳐 갈 때 감정이 복받칠 만큼 행복하다. 지식은 모조리 퍼줘도 늘 부족하게 느껴진다. 제자들이 성공할 때 내 일처럼 축하하고 기뻐한다.

진심으로 사랑하고 아끼는 제자들, 일뿐만 아니라 인생에서 동고동락하고 싶은 제자들, 자나깨나 챙겨주고 싶은 제자들은 내 삶의 원동력이다. 어느 정도 성공 궤도에 올랐다고 나태해질 수 없는 이유다.

이 책을 빌어서 제자들에게 꼭 해주고 싶은 말이 있다.

"나은, 승열, 유미, 태주, 소정, 상훈, 은주, 승현, 성우, 윤진"

여러분에게 14년 세월이 농축된 지식과 경험을 전수했습니다. 저처럼 시행착오를 겪지 않기를 바라는 마음에 진심을 다했습니다. 저를 발판 삼아서 더 큰 도전을 해나가길 바랍니다. 얼마든지 실패해도 괜찮다는 말을 전합니다. 도전이란 늘 실패를 수반합니다. 한 번의 큰 성공을 맞이하기 위해서, 우리는 수만 번 실패를 경험합니다. 그래도 괜찮습니다. 여러분이 넘어지더라도, 서러울 때 달려와 엄마 품처럼 안겨서 울 수 있는 스승인 제가 있기 때문입니다.

저는 여러분이 언제든지 기댈 수 있는 울타리 같은 사람이 될 것입니다. 견고한 울타리가 있으면 도전은 흥미로운 모험이 됩니다. 실패하면 울타리에 와서 잠시 쉬었다 가면 됩니다. 한 번이고 백 번이고 실패를 즐기는 경지에 오르면 좋겠습니다.

10년, 아니 50년이 지나도 저는 여러분이 찾는 곳에 남아 있을 겁니다. 여러분에게 귀감이 될 수 있도록 제가 살아있는 한, 일말의 후회도 남지 않게 최선을 다할 것입니다. 사랑하는 WFS 제자 분들, 여러분이 성공할 날을 두 손 모아 기도합니다. 그날을 상상하면 미소를 감출 수 없습니다. 우리가 계속하면, 반드시 그날을 맞이할 수 있습니다.

대한여성트레이닝학회 여성 피트니스 전문가 제자들이 대한민국 여성의 삶을 변화시키는 위대한 유산을 남기기를 간절히 바랍니다. 우리가 하나로 뭉칠 때 세상에 많은 여성이 건강하게 변화될 것입니다.

우울증에서 벗어나 새로운 삶을 살게 된 사람.

병과 스트레스를 이기고 아름다워지는 사람.

우리를 만나고 감사하게 될 사람들입니다.

생각만 해도 멋지지 않나요?

'사람은 믿어주는 만큼 자라고, 아껴주는 만큼 여물고, 인정하는 만큼 성장한다.'

저는 여러분이 저와 함께 이 일을 해낼 것이라 믿습니다.

"여러분을 진심으로 아낍니다. 그리고 진심으로 사랑합니다."

07

여생트스쿨, 좋은 회사에서 위대한 기업으로

✦ ────────────

"한 마리 사자가 지휘하는 일백 마리 양 떼는, 한 마리 양이 지휘하는 일백 마리 사자 떼를 이긴다."

회사에서 리더의 역할은 매우 중요하다. 어떤 리더십을 발휘하는가에 따라서 조직의 존폐가 결정된다. 미세한 성과도 눈덩이처럼 키울 수도 있다. 나는 지금까지 여생트스쿨 주식회사를 키우면서 수많은 실패를 경험했다. 팀원들 볼 면목이 없을 때도 있었다. 왜 나는 매번 실패할까 자괴감에 빠진 날도 있었다.

하지만 회사가 잘될 때나 힘들 때나 한결같이 고수해온 철학이 있다. 좋은 회사를 넘어 위대한 기업으로 만들겠다는 신념이다. 거듭 실패할지언정 절대로 포기란 없다. 앞으로 팀 빌딩에 실패하고 사람에게 데이고 수많은 부채를 진다 해도 나는 또다시 일어날 것이다.

위대한 기업이란 원대한 꿈이 이루어질 때까지, 하루 18시간 몰두할 준비가 되어 있다. 과거에는 단기간에 위대한 기업을 이루려는 욕심이 있었다. '빨리 돈 벌어 은퇴해야지'라는 생각에 조급함이 앞섰다. 하지만 수차례 실패에서 교훈을 얻은 지금, 나는 10년 후를 내다본다. '10년 뒤에 원대한 계획이 이뤄져도 괜찮다'는 마음으로 천천히 과정을 음미하고 있다. 일이 계획대로 풀리지 않을 때는 성질을 내기보다 숨을 고른다. 백년지대계를 세우니 마음이 편해져 매순간을 즐기게 됐다.

위대한 회사를 만들기 위해서 내가 앞으로 되어야 할 리더의 모습을 상상한다. 나는 어떤 리더가 될 것인가. 어떤 리더십을 발휘할 것인가. 나의 단단한 철학에서 위대한 기업이 바로 세워진다고 믿는다.

리더십이란 단어만 들여다봐도 생각은 한없이 깊어간다. 리더십은 나의 인생을 관통하는 키워드다. 고등학생 학생회장부터 회사의 대표가 되기까지 16년 세월을 함께 했다. 나를 따라오는 수많은 팀원들, 함께 만들어갈 결과를 생각하면 더욱 신중해진다. 앞으로 실패를 원천적으로 피할 방법은 없겠지만 리더라면 최대한 실패를 줄여야 한다.

위대한 기업으로 가기 위한 나의 리더십은 성공, 화목, 단결이란 세 단어로 압축할 수 있다.

1 성공

성공, 성장, 성과, 여러분은 이 세 단어의 차이점을 아는가? 성장은 '이루어 나아간다'는 뜻이다. 성과는 '이루어낸 결실'이란 의미다. 회사가 나아가는 데는 성장, 성과 모두 필요하다. 하지만 위대한 기업을 만드는 데 핵심 중의 핵심은 '성공'이다. 성공은 '목적하는 바를 이룬다'는 뜻이다.

세 단어의 차이점을 알아챘는가? 성장과 성과, 이 두 단어에는 '목표'가 결여되어 있다. 성장과 성과를 내더라도 팀원들이 '목표'를 잃지 않도록 하는 것. 이게 리더의 제1덕목이다.

사람은 힘든 일을 반복하다보면 '내가 이 일을 왜 하고 있지?' 슬럼프에 빠지거나 일을 시작했던 초심을 잊어버린다. 망각은 우리가 성공의 길에서 헤매게 만든다. 망각의 반대말은 목표다. 목표를 시각화해서 자주 보고, 자주 말해야 한다. 목표를 달성한 후에 어떤 행복한 결과가 따르는지 생생하게 상상해야 한다. 팀원이 슬럼프에 빠졌을 때, 목표를 상실했을 때, 리더는 우리의 목표가 무엇이었는지 언급하고 상기시켜야 한다. 일의 결과를 상상으로 경험시켜줄 수 있는 사람. 목표를 붙잡고 끝까지 밀어붙일 수 있는 사람이 곧 리더다.

직원 개인에게도 목표가 있어야 하고, 조직 전체에도 위대한 목표가 존재해야 한다. 이를 끊임없이 알려주고 달성하도록 이끄는 리더십이 위대한 기업을 만드는 데 핵심 요소다. 조직이 '목표'를 정하고 달성하는 일을 반복하면, 반드시 위대한 기업이 탄생한다고 믿는다.

2 화목

화목은 '서로 뜻이 맞고 정답게'란 뜻이다. '정'이란 사랑을 느끼는 마음이다. 목표를 이루는 게 목적지라면, 화목은 목적지로 가는 방법이다. 목표를 이루는 과정에 사랑의 마음이 있어야 한다. 목표를 달성하는 데 10년이라는 긴 시간이 걸릴 수도 있다. 긴 세월을 지속하게 만드는 힘은 무엇일까? 답은 사랑이다. 목표를 향해 계속 나아가게 하는 힘은 사랑에서 나온다.

여러분이 부자 되는 꿈을 목표로 삼았다고 치자. 물건을 팔러갔다가 고객에게 무시 받을 수 있다. 자존심이 바닥 치는 일도 겪을 수 있다. 그러면 안 되겠지만 소중한 사람이 세상을 떠나는 일이 발생할 수도 있다.

그럼에도 불구하고 여러분을 계속 전진하게 만드는 힘이 무엇일까? 사랑이다. 사랑은 인간이 목표를 지속하게 만들고, 인간을 근본적으로 변화시키는 시공간을 초월하는 가장 강력한 힘이다. 사랑의 에너지가 있어야 목표를 향해 곧게 뻗어나갈 수 있다. 목표를 이루는 과정에서 사랑을 느낄 수 있는 화목한 조직과 환경, 그런 팀 문화를 만들 것이다.

3 단결

단결은 '많은 사람이 마음과 힘을 한 곳에 뭉친다'는 뜻이다. 조직이 커지면 많은 사람이 들어온다. 22년에 내가 사업을 실패한 이유 중 하나는 단결의 부재였다. 그래서 이번 팀부터는 더욱 단결해내고 싶은 마음이 크다.

　나는 개별적인 소통의 리더십이 강하다. 하지만 회사 인원이 30명 정도 되었을 때, 개개인과 소통할 시간이 턱없이 부족했다. 리더십의 변화가 필요했다. 회사의 인재들이 늘어날수록 모인 사람들의 마음과 힘을 한 데 모으는 능력이 절실히 필요하다. 한 단어로 요약하면 단결이다. 나는 과거의 실패를 발판 삼아서 단결하는 조직을 꾸려갈 것이다. 위대한 기업으로 가는 길은 험난하다. 예수그리스도가 말씀하신 '좁은 길'과 같다. 하지만 나는 꼭 이루고 싶다. 끝까지 도전하면 죽기 전에 이룰 거라고 강력하게 믿는다.

　이 책을 통해서 위대한 기업을 만들고 싶은 소중한 팀원을 만날 수 있기를 기대한다. 나처럼 여성을 건강하게 변화시키는 삶을 살고 싶다면, 망설이지 말고 꼭 찾아오기 바란다. 두 팔 벌려 환영할 것이다.

08

대한민국 여성의
웰니스한
삶을 위해서

◆ ━━━━━━

TO. 이 세상을 살아가는 모든 트레이너에게

남성과 달리 여성은 생리와 임신이라는 신으로부터 부여받은 고유한 의무가 있다. 그래서 매달 생리를 하고, 출산의 고통을 경험한다. 여성은 생리주기에 따라 기분과 체력, 면역과 식욕이 변한다. 그리고 여성은 20대와 30대 그리고 40대와 50대에 생리를 하다가 생리가 중단되는 갱년기를 겪으며 인생에 큰 변화를 맞이한다.

여성은 한 평생 생리주기에 따라 여러 정거장에 도착한다. 20~30대에는 온몸에 활력이 샘솟는 전성기에 도달한다. 40~50대에는 기분과 체력이 오르락내리락하며 기복이 생긴다. 60대에는 가장 성숙한 시기가 찾아온다. 그동안 20~30대 여성들을 심도 있게 연구했다. 여성 피트니스 전문가로 활동해오며, 생리주기에 맞는 운동법을 알려주었다. 내가 대한민국 최초의 여성 피트니스 전문가가 된 계기는 개인의 경험에서 비롯됐다.

젊은 날, 예쁘고 날씬한 몸을 갖고 싶어서 치열하게 다이어트했지만, 오히려 건강을 송두리째 잃을 뻔했다. 값진 경험을 통해서 여성의 몸에 특화된 다이어트 비법을 터득했고, 생리주기 트레이닝을 널리 알려왔다. 내가 집대성한 생리주기 트레이닝으로 건강과 아름다움을 되찾은 여성들을 보면서 이 일이 사명이라고 생각했다. '하나님이 내게 맡기신 임무'라고 생각했기에 매순간 최선을 다하지 않을 수 없었다. 회사가 잘 될 때나 어려울 때나 즐거울 때나 힘들 때나 한결같이 '여성을 건강하게 만드는 일'에만 몰두했다.

최근 들어 나를 애지중지 키워준 엄마 생각이 많이 난다. 사업이 바쁘다며 정작 엄마의 건강을 잘 챙겨드리지 못했기 때문이다. 여성의 전성기인 30대에 나를 키우느라 누구보다 치열하게 사신 엄마, 50대가 되고부터 슬슬 아프시더니 이제는 관절염, 위장병으로 안 아픈 곳이 없다. 작은 일에 버럭 화를 냈다가 사과하고, 돌아보니 인생이 너무 서글프다며 펑펑 울어버리는 엄마를 보면 마음이 짠해진다.

갱년기….

아직 그 나이가 되진 않았지만, 갱년기라는 시간의 정거장에 홀로서 있는 엄마를 보면 가슴이 찢어진다. 깊게 패인 주름살에서 고생의 흔적이 느껴지고, 효도를 많이 하고 싶은데 시간은 마음처럼 나지 않는다. 요즘은 30대 젊은 나이에도 갱년기 증상을 겪는 여성들이 늘어났다. 많은 여성이 자궁에 혹이 커서, 난소에 종양이 있어서 생리를 중단시키는 치료를 받는다. 피임약의 부작용을 모른 채 피임 시술이나 피임약을 먹는 여성들을 보면 안타깝다. 귀에 대고 부작용을 한 줄 한 줄 말해주고 싶을 정도다.

나도 과거에 자궁의 혹을 축소시키기 위해 잠시 폐경을 유도하는 시술을 받았다. 그리고 정말 끔찍한 경험을 했다. 운동을 해도 살이 쪘고, 양쪽 볼이 술 취한 사람처럼 빨개졌다. 누가 볼까봐 민망했다. 지하철에 가만히 앉아 있는데, 몸이 확 더워져 짜증이 올라왔다. 누워도 잠이 오지 않고 피곤함이 지속됐다.

잠깐 동안 '갱년기'를 체험하면서, 엄마가 갱년기로 얼마나 힘들지 어렴풋이 느낄 수 있었다. 나는 치료를 위해 몇 개월 동안 겪었지만, 여성은 보통 갱년기 증상을 8년에서 10년 동안 경험한다. 여성이라면 반드시 겪게 되는 엄청난 변화다. 알고 맞이하면 두렵지 않겠지만, 모르고 겪게 되면 심한 우울증을 몰고 오는 무서운 일이다.

그런데 2019년, 메이요 클리닉 회보에 발표된 연구에 따르면 가정의학과, 내과 레지던트 의사, 심지어 산부인과를 전공한 177명 중 20%는 수련 기간 동안 완경에 대한 강의를 전혀 들은 적이 없다고 답했다. 완경기 여성의 건강관리를 도울 준비가 되어 있다고 답한 비율은 7% 미만이었다. 그만큼 완경과 갱년기에 있는 여성을 지도해 줄 전문가가 부족하다.

이런 사실을 알고 나서, 내가 하는 일이 얼마나 중요한지 가슴 깊이 새기게 되었다. 나 같은 생리주기 전문가, 갱년기 전문가, 여성 피트니스 전문가는 세상에 반드시 존재해야 한다. 갱년기에 여성의 몸에 어떤 변화가 일어나는지 일찍부터 배운 사람은 사전에 대비하여 기꺼이 수용할 수 있다.

'피할 수 없으면, 즐겨라!'는 말이 인생에 정말로 적용될 수 있다.

하지만 갱년기 증상을 조절하고 완화하는 법을 배우지 못하면, 10년이라는 갱년기가 무척 괴로울 수 있다. 여성의 평균 수명이 81세이고, 평균 완경 시점은 51세다. 여성은 완경 후에 30년을 살아간다. 그러니 갱년기를 어떻게 받아들이느냐에 따라 완경 이후의 삶이 질적으로 180도 달라지게 된다.

여성으로 태어난 우리는, 여성의 몸에 일어나는 근본적인 변화를 반드시 이해해야 한다. 그래야만 정신적, 육체적으로 건강한 상태에 이를 수 있다. 건강할 때 우리가 얼마나 행복할지 상상해보자. 몸과 마음이 건강하기에 좋은 배우자를 만날 수 있고, 일도 열심히 할 수 있고, 멋진 사람들과 여행도 가고, 인생의 목표를 이루어 나갈 수 있지 않겠는가!

만약 생리 호르몬이 단순히 생리만 조절한다고 생각하면 오산이다. 우리가 행복을 느끼는 것도, 건강한 몸매를 유지하는 것도, 치매에 걸리지 않고 장수할 수 있는 것도 모두 생리호르몬이란 신의 선물 덕분이다.

우리가 소중히 생각하는 회원들이 진정한 웰니스의 삶을 살길 바란다면, 반드시 여성 회원의 생리주기를 기록하라. 언제 월경이 시작되고 끝나는지, 몇 달이나 건너뛰고 있는지, 피가 많이 나오는지 적게 나오는지, 그때의 기분까지 모두 적어야 한다.

초경을 한 청소년, 생리를 하는 여성, 갱년기를 지나는 모든 여성들까지, 생리는 여성의 삶이 더욱 찬란하고 빛나게 만들어주는 인생의 나침반이 될 것이다.

이제 이 책을 읽고 있는 당신의 선택만이 남았다. 나의 사랑하는 회원님을 위해 생리주기 트레이닝을 적용할지, 말지.

우리에게 손편지를 써주시고, 시원한 아이스 아메리카노 두 잔을 들고 PT 받으러 오는 감사한 회원님들을 위해 당신은 기꺼이 변할 준비가 되었는가?

그렇다면 가자.

소중한 우리의 PT 회원님들을 만나러!

나는 매일
자신감을
트레이닝한다

월 90만 원 알바생에서 연매출 10억 CEO가 되기까지

나는 매일 자신감을 트레이닝한다

초판 1쇄 인쇄 2024년 5월 10일
초판 1쇄 발행 2024년 5월 17일

지은이 김가희

대표 장선희 **총괄** 이영철
기획편집 현미나, 한이슬, 정시아, 오향림
디자인 양혜민, 최아영 **표지디자인** 별을잡는그물
마케팅 최의범, 김현진, 김경률
경영관리 전선애

펴낸곳 서사원 **출판등록** 제2023-000199호
주소 서울시 마포구 성암로 330 DMC첨단산업센터 713호
전화 02-898-8778 **팩스** 02-6008-1673
이메일 cr@seosawon.com
네이버 포스트 post.naver.com/seosawon
페이스북 www.facebook.com/seosawon
인스타그램 www.instagram.com/seosawon

ⓒ 김가희, 2024

ISBN 979-11-6822-290-8 03190

서사원은 독자 여러분의 책에 관한 아이디어와 원고 투고를 설레는 마음으로 기다리고 있습니다.
책으로 엮기를 원하는 아이디어가 있는 분은 이메일 cr@seosawon.com으로 간단한 개요와 취지,
연락처 등을 보내주세요. 고민을 멈추고 실행해보세요. 꿈이 이루어집니다.